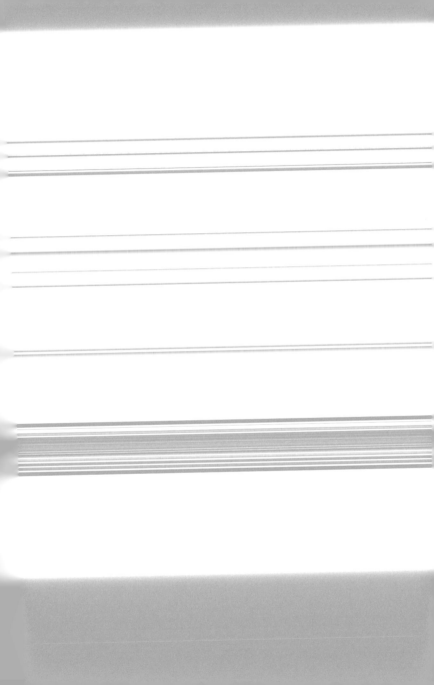

大東亜共栄圏

氏家富緒

22世紀アート

大東亜共栄圏

はじめに

昭和八年十二月八日早朝、眞珠湾奇襲攻撃から第二次世界大戦に参加した日本は、東南アジアで多大な犠牲者を出し続け、全国都道府県の都市ではB29の空襲で焼け野原となり、多大の犠牲者を出し続け、遂には広島市や長崎市で原子爆弾が投下されたことにより五〇万近くの市民が犠牲者となったので日本はポツダム宣言を受け入れざるを得なくなったのでした。軍隊は本来、国民を外敵から守る爲にあるものであり、国民を弾圧する爲にあるのでは決してありません。国民を外敵から守る爲にあるのです。

しかし、時に依っては、国民を弾圧する爲に使われることもあり、誠に無茶な話ではありますが国民が生死の状況に立たされることもあるのです。それは国が生死ぬかの瀬戸際に立たされた時であり、この時こそ、時の権力者は、自分の命にかけて、日本全國を見据えて、この國を如何にすべきかを決断すべき一番大事な時なのであります。ある朝早く東の空が赤々と燃え上っているのが見えました。

これは、B29の空爆だと言うことがわかりました。B29爆撃機は単に高松市だけではなく、次々と日本・四国の主要都市を焼き尽くしていったのでした。今でもこの目に焼きついて離れない光景であります。この様な光景が日本全国の主要都市で見られ、そしてやとどめ指すかのように、広島市と長崎市に原爆が投下され、多くの市民の生命が奪われたのでした。二度とこのようなことがあってはならないことでありました。

このような背景があって、一九四五年には日本はポツダム宣言を受諾し、敗戦となったのであります。軍隊は解体させられ、天皇は人間にされ、昭和の時代は終わりを遂げたのでした。米軍は日本の主要都市に駐留していましたが、東京や伊丹・沖縄等を除いて引き上げました。その代わりとして警察予備隊が設置され、日本防衛の任務を背負い、徐々に力をつけて、後に自衛隊となりました。

敗戦後も依然として食糧難が続いておりましたので、キューバ糖が輸入され、辛うじて飢えを凌いでくれたのです。

東京を始めとする主要都市は徐々に復興されて都市の様相を呈して来て賑やかになっ

て来ましたが、当時としての物価は依然として高く、ドル＝三六〇円時代が続きました。

目次

一、特攻機の出動

昭和二〇年の秋、我が家から少し離れた集落の上を特攻機が数回、翼を振り振りし乍ら旋回しているのが見受けられました。恐らくその部落出身の十二～三才の少年が別れを告げる為に我が家の上を数回旋回したのだと思われます。それは家族と暮した楽しい日々や友達と暮らした日々をなつかしく思い出し乍ら、別れを告げたのかと思うと涙なしには見られませんでした。特攻機は、弾丸の変りに人間が弾丸となって、敵艦目がけて自爆するものですから本人もお国の為ならばと、一大決心をもって志願したものと推察されます。

人間は生まれたからには、その肉体は必ず、死ぬべく運命づけられています。聖書の中に「神其像の如くに人を創造たまへり、即《すなわ》ち神の像の如くに人と創造《つく》り之《これ》を男《おとこ》と女《おんな》に創造たまへり」（創世記第一章二七節後半）とあるようにエデンの東の園にその二人を住まわせ、二人が何不自由なく生活できるようにと取り計らったのです。そして生めよ殖せ地に満ちよと二人を祝福したのです。このように、神のたゞ一つの戒命あるにも拘わらず二人は見るに麗しく食するも大変美味の様子の禁断の木の味を食してしまったのです。するとどうでしょう二人は神の如く賢くなったのでした。

他の理解できる故に何でも行うようになり、その行動に対しては厳しくその結果が問われる身となったのです（創世記第三章十四節）。女性には懐妊の苦しみが加えられ、男性には一生の間、額に汗して働いて糧を得るべく運命づけられたのです（創世記第三章十七十九節）。従って、毎日、額に汗して働かなくては、生活出来ないのが現状です。

汗を流して、男性は生活の糧を稼ぎ、女性は家事の準備等をして生活しているのが一般的な家庭の姿ですが、戦時中は、男は戦場で闘うのが仕事であり、女性は国からの一合五勺の米の配給で生活せざるを得ないのが一般的であります。戦況が激しくなるにつれバケツリレーの消火訓練も激しさを増して来ましたが、焼夷弾はそれ位で消火させるものではなかったのでした。火の海となり延焼火災は防ぐ間もなく、たゞ逃げるだけが精一杯の状況が続き日本全国の主要都市は次々と焼け野原となっていったのでした。戦時中に大いに流行り出したのは国からの米の配給だけでは、少なく、闇市で米を買って補うのが精一杯でした。

非農家の方々も闇市で金銭を得なくては、生活出来ないのが現状でした。全国の闇市は警察の取締りにも拘らず、仲々減少しないのが現状であったのです。このような厳しい食糧不足の状況が続きましたので、ポツダム宣言を受諾した日本はキューバから砂糖を輸入してこれを補助食品として食して飢えを凌いだのでした。

「神其像の如くに人を造りたまえり即《すなわ》ち神の像の如くに之を創造之《つくりこれ》を男《おとこ》と女《おんな》に創造たまへり（創世記第一章二七節）」

このように、人間は尊い神の姿に似せて造られ、子孫を殖やすために男と女に創造されました。そして神は生めよ殖せよと祝福して下さったのです。しかし、自我がある爲に人間は自己主張を繰り返し、一方が我慢すればそれで済む訳ですが、自己主張を推し通して遂には喧嘩となることが多いのです。これが国と国の場合は大変で、互いに我慢の限度を超えた場合は、戦争となるケースが多いのです。このように人間は我を押し通す傾向がある爲に、争いが続いて絶えません。「エホバ神土の塵をもって人を造《つく》り 生氣《いのちのいき》を其鼻《そのはな》に嘘入れたまへり 人即ち生靈となれり」（創世記第二章七節）。とあるように人間は土から生まれ、その身は必ず土に歸るのであります。拒否しても間違いなくそうなるのです。

「汝《なんぢ》は面《かほ》に汗《あせ》して食物《くひもの》を食《くら》ひ終《つひ》に土《つち》に帰《かへ》らん」（創世記第三章一九節前半）とある通り、この世に生を受けたからには、必ずその身は亡びるのです。その間は、男は、額に汗して働き、女性は懐妊の劬労を増すべく定められたのでした。

族長ヤコブとレアの間に生まれた息子達が、レビ族と総称されるのですが、永年祭司職を努めて来たので祭司と同じ意味に用いられるようになりました。（創世記二五章二六節参照）

その後アブラム九十九歳の時　エホバ　アブラムに顕《あらは》れて之《これ》に言たまひけるは「我《われ》は全能の神なり　汝我前に行みて完全かれよ　我わが契約《けいやく》を我《われ》と汝の間に立て大《おほ》い汝の子孫を増ん　アブラム乃ち俯伏たり　神又彼に告げて言《いひ》たまひけるは　我わが契約を我と汝の間に立て　大に汝の子孫を増ん　アブラム乃《すなは》ち俯伏たり　神彼に告《つげ》て言たまひけるは　我汝と契約を立つ　汝は衆多の国民の父《ちち》と為るべし　汝の名《な》を此後アブラムと呼ぶべからず　汝の名《な》をアブラハム（衆多の人《ひと》の父《ちち》）とよぶべし其は我《われ》汝《なんぢ》を衆多の国民の父《ちち》と為《な》せればなり」

一、神とは何か

日本に於ける神の概念については、様々な説明がなされています。今でも庭の片隅に小さな社が祭られ、朝な夕なに柏手を打っている人も少くありません。神を拝している訳ですが、種々の概念が含まれているのです。

神は上であるとか、鏡の略されたものであるとか、アイヌ語のカムイから由来してきたと言うものもあります。本居宣長（一七三〇〜一八〇一）が三十五年もかゝって脱稿した「古事記伝」の中に尋常ならずすぐれたる徳ありて、可畏き物を迦微と云《い》うなり定義しています。

「元始に神天地を創造たまへり、地は定形《かたち》なくして曠空くして黒暗淵《やみわだ》の面《おもて》にあり、神の霊水の面を覆たりき。神光かりあれと言《いひ》たまひければ光ありき、神光《かみひかり》を善《よし》と観《み》たまへり、神光と暗を分ちたまへり、夕《ゆう》あり朝《あさ》ありき、是首の日なり」（創世記第一章一〜五節」

これは、旧新約聖書の書き出しの文章です。このように第一章から始まった神の壮大な天地創造という大作業を終えて、休息されたのでした。

それは神は金曜日の夕方から土曜日の夕方にかけてのことであります。それを見た人間もそれにならって土曜日と日曜日を休息日としたのでした。

「安息日を憶えて之を聖潔すべし　六日の間勞きて汝一切《なんぢいつさい》の業をなすべし　七日は汝《なんぢ》の神ヱホバの安息なれば何の業務をも為すべからず　汝《なんぢ》も汝の息子息女も　汝《なんぢ》の僕婢も　汝の家畜も汝の門の中に居る他國の人も然り」（出エジプト記第二〇章八〜十節）とあります。人間もこれに習って、土曜日と日曜日を休息日としたのでした。

一、罪とは何か

聖書の中の罪とは、人間社会の秩序維持の為にある刑法等の法規に違反することを指すのではなく、自我がある為に天地創造の神のご意向を軽んじたり無視したりする状態を指します。創造神によってこの世に生かされている身であり乍ら、神を忘れ、忘れていないとしても、神の存在を軽んじている状態を指します。

聖書の中で書かれている神は、天地創造神だけを指しますが、日本に於ける神の概念はこれを指定することは、極めて困難であります。

神は「上」であるとか、万有引力のように目には見えないが宇宙全体に力を及ぼしているものを指すとか、太陽のように大自然のたゝずまいを指すとか、四季の変化をもたらしている者を指す等でありあります。従って、日神、月神、星神、風神、水神、雷神、山神等自然そのものを神として崇めて来たのです。それは唯一神ではなく様々な物を神とし崇めて来たのです。

そして自然神だけではなく、或特定の地域の人々に貢献して来た事物をも神として崇め奉ったのであります。この様に色々な事物を神として崇め奉まつる性癖が強いようです。ご恩を受けた事物には感謝するのを当り前としているのです。このようにお世話になったものにはご恩を感じる傾向のある民族であると思います。従って努力して、世界的に貢献すべきであると感じる次第であります。

一、靈とは何か

霊とは創造神の人間を始めとした被造物に対する言葉であり、これによって万物が造られたのであります。

「元始に神天地を創造たまへり　地は定形《かたち》なく曠空しくして黒暗淵《やみわだ》の面《おもて》にあり　神《かみ》の靈水の面てを覆ひたりき　神光《ひかり》あれと言ひたまいければ光ありき　神光《かみひかり》を善《よし》と観《み》たまへり　神光と闇を分ちたまへり　夕あり朝《あさ》ありき　是首の日なり」（創世記第一章一～五節）とありますように、霊は神の意思表示の手段なのであります。この霊の力によって凡てのものに指示が出され、この大自然を動かせているのです。人知の遙かに及ばないところであります。従って、人間としては、霊の命じるまゝに従って行く他に、生活する方法がないのです。常に霊に問いかけ、これに畏敬の念をもって従って行くべきであります。決して霊を軽んじたり、自分本意に生きて神を困らせてはならないのであります。

日本人は古代から農耕民族として汗を流してきたのですが、農作業をするに当っては、四季の変化に注意しなければなりません。従って、前に述べたように、この大自然の中に存在する人知を超越した凡ての物を神として崇拝して生活して来たのです。偶像崇拝と言うよりも自然の神秘に対してのことでした。

人間は天地創造神によって作られた被造物であり、この世に生かされていることを痛感したのでした。

「神其像《かたち》の如くに人を創造たまへり 即ち神の像の如《ごとく》に人《ひと》を創造し之を男と女に創造たまへり」（創世記第一章二十七節）とある通り、この世に私たちは神によって生を受けているのであります。このように生かされている訳であり乍ら、自ら求めて偏に創造神を忘れたり、無視したりすることが多いのです。これがいわゆる罪であります。しかし、神は被造物である人間をお見捨てになるようなお方では決してありません。立ち直る為の救いの道を、ちゃんと用意下さっているのであります。

一、罪とは何か　二

天地創造神を知り自分がこの世に生かされていることを承知し乍も、人間は自我があるために応々にして自分を優先して神を軽んじことが多くこれが罪であり、罪の払う価は死であります。これを救済する方法があるのです。

それは神の独子イエス・キリストが、人類に罪の恐ろしさを表す爲に、人間の凡ての罪を背負うて自ら進んで十字架にかゝり罪の恐ろしさを示すと同時に、人類にも救いの道があることをお示し下さったことです。それは十字架上の死こそが罪の代価であり、これを信じる者凡ての者が救われる可能性があると言うことです。即ち永遠の生命を克ち取る方法が残されていると言うことです。

即ち、それは神の独子が自ら進んで十字架におかかりになって罪の恐ろしさを、人間に示すと共に、この事実を心から信じて、罪の許しを請う者には救いの道が用意されているいうことを表わしたことです。ただ単に知識として信じるのではなく、心の底から信じることが大切なのであります。

このように、人間はこの世に生かされている身でありますので、少くとも、寝床時と起床時には、神の霊に感謝の祈りを奉げるのが良いと思います。

「神其像の如くに人を創造たまへり 即ち神の像の如《ごとく》にこれを創造これを男《をとこ》と女に創造たまへり 神彼等を祝し 神彼等に言たまひけるは生よ繁殖よ地に満盈《みて》よ これを服従せよ 又海の魚と 天空の鳥と 地に動く所の諸《すべて》の生物《いきもの》を治めよ」(創世記第一章二十八節)

このように、神の像の如くに創造された人間供を祝福して下さっているのです。従って天地創造を疎かにしてはならないのであります。この世に生を受けている人間は常に神に感謝して生活すべきであります。

現世は、天地創造の神を軽視することでありますが、この世に生かされている人間にとっては、自我との戦いでありましょう。この神を軽視すること自体が、いわゆる罪であります。

人間同志の意志疎通を計るのが言葉ですが我欲がある為に衝突する場合が多く、争いの素となり、喧嘩や国家間では戦争が絶えないのが現状です。我欲は罪であり、罪の払う報酬は死です。されど神の賜物は我らの主キリスト・イエスにありて享くる永遠の生命です。こゝで言っている生命とは肉体的死ではなく霊的な生命を指します。

昭和十六年年明け、敗戦の様相が強くなり、県職員であった父はフィリピンに徴兵され、母は赤子の弟を抱えたまゝ食糧難の為母乳が出ず、弟は一週間位毎晩三〇分程栄養失調の為に引付けを起す状態で、誠に痛々しい限りでした。昭和二十年二月七日には何とか死は免れたのですが、今でも市の老人ホームで寝た切り状態が続いており、可愛そうな限りであります。結局は日本に原子爆弾が投下されて広島市や長崎市は焼け野原となり、多くの犠牲者を出して、ポツダム宣言を受諾せざるを得なくなったのであります。敗戦後も食糧不足が状態が続き、日本はキューバから砂糖を輸入して何とか飢えを凌いだのでした。米の配給不足が続いて、多くの日本人が栄養失調状態に陥りました。解消したのは敗戦後数年経ってからでした。いずれにしても多くの国民が食糧不足に苦しんだのです。

敗戦後数年経て、父はフィリピンから無事帰国し、母は看護師の仕事から解放され、暫く円満な家庭生活が続きましたが、父は仕事に何かあったのか、父は県職員の仕事を辞め、暫くは無職の状態になったのでした。しかし、土地家屋調査士の資格を取得してからは自由な日を送り、何とか生活できるようになりました。私が十一才になった頃、看護師だった母は、出征した父に代って幼い子供を抱えながら、多忙な日々を過ごしたのでした。そのご苦労は私の目に今でも焼きついて離れません。

終戦後、フィリピンから帰国した父は元の香川県職員に復職したのですが、上司との折り合いが悪かったのか、私が六才の時に小豆島に島流しされました。私にとっては住み易く四季を感じたし、空気は美味しいし、山は秋の色に紅葉して美しかったことが思い出されます。

小豆島には三つの町があり、私が住んでいた土庄町の他に内海町・池田町があり、島の面積は一七〇・〇八平方キロメートルあります。オリーブ、ミカン等の栽培も盛んで、手延べそうめんも有名ですが、醤油造りもされています。映画化された壺井栄の「二十四の瞳」も有名です。鉄道はありませんが、本州や四国との交易は盛んです。私が六才の時、父は良く近くの海に良く連れて行って来れました。

私が生まれた善通寺市に帰ってからは、父の職業である土地家調査士の仕事も多忙となりました。善通寺市は弘法大師生誕の土地であり彼の父母及び先祖の菩提のために先祖の名にちなんで寺の名前にしたと言われています。

五重の塔もあって結構広いお寺です。四国八十八箇所巡りの七十五番目の札所です。

善通寺市へのアクセスとしては、土讃線の善通寺駅があり、高松方面行きと高知方面行きとに連なり、私が幼い頃は汽笛鳴らして走る蒸気機関車を良く目にしたものでした。

四国地方の地形は東には徳島県、西は愛媛県に属し、北には瀬戸内海を峡んで広島県があり、四国の中央部には東西に四国山脈が連なりその姿は雄大で石槌山は標高一九八一ｍあります。淡路島とは鳴門海峡、九州とは豊予海峡がそれぞれの地域を海で捨断しています。

交通手段としては鉄道の他に航空機の利用がなされていますが早急なる新幹線の敷設が望まれる次第であります。四国は日本全体から見れば生活基盤の整備が後れておりますので、出来る限り速い対応が必要ではなかろうかと思います。

高松市牟礼町に造成した六区画の宅地は、すぐに買手が現れ、次々と造成した十数ヶ所の宅地も比較的早く買手が現れて順調に仕事は進捗していましたが、何時迄も順調と言う訳にはいかないものです。私の場合、休日に桜見に自動車で駐場へ行き、駐車場に駐車しようとした時に、アクセルとブレーキを踏み間違えて駐車場を飛び越えて、谷底目掛けてジャンプして金属製のネットに引っかかって、命からがら一命を得て今日に及んでいます。

「神、其像の如《ごと》くに人《ひと》を創造たまへり即ち神の像の如く人を創造り之を男と女《をんな》に創造りたまへり」（創世記第一章二十七節）。

とあるように私は畏れ多くも神によって、この世に生かされているのです。従って、罪深い人間は偉大なる神に、日々感謝して生活すべきなのであります。

四国の土佐は冬も暖かいだろうと思われがちですが、そんなことは無いのです。四国山脈が中西に走っている関係もあって結構寒いのです。海を越えて香川県の方が瀬戸内海気候であって暖かいのです。

文化面では、新型コロナウイルス流行中のことで、金丸座の金比羅歌舞伎は中止されておりまして今日に及んでいますが、近々歌舞伎も開催される予定ですので楽しみです。

さて、歌舞伎の関係のことを、私は遊びでしておりました。即ち、目で物を言う者《もの》・声色を使う者、あれこれ私を楽しませ、私は和《わ》にして、心打ければ、心が軛《くびき》を負いて我に學べ、さらば靈に休《やすみ》を得ん。わが軛は易く、我が荷は輕《かろ》ければなり」マタイ傳第十一章二八～三〇節）とある通りです。

戒律を重んじる熱心なユダヤ教信者であったパウロ（一〇年頃～六七年）は、キリスト教徒アナニアからバプテスマを受け、イエスの新しい使徒となり、福音を述べ伝える者として選ばれたのであります。

「主いひ給ふ『往け、この人は異邦人《いはうじん》・王《おう》たち、イスラエルの子孫のまへに我《わ》が名《な》を持《も》ち行く選びの器なり。我かれに我が名《な》のために多くの苦難を受くるかを示さん』」とあるようにパウロはその使い、生をイエス・キリストを伝導の爲に捧げたのでした。

イエス・キリストは言われます。「幸福《さいわひ》なるかな、義のために責められたる者《もの》　天國《てんごく》はその人のものなり」（マタイ傳第五章一〇節）。

イエス・キリストは、御自身が十字架にかゝり罪の恐ろしさを示すと共に、キリスト御身づから人類凡ての罪を背負って、その対価をお支い下さいました。この事実を信じる者には救いの道が用意されたのであります。

さて、私事ではありますが、十数年前に大腸癌を患って大阪大学附属病院で撤去手術を受けて無事退院し、今日に至っておりますこと感謝の限りです。

退院後は、神に感謝の意を表わす為に、出来る限り毎日　出版用の原稿を書き始めました。体調が良くない時は、原稿用紙に一、二枚程度を日常に無理しないようにしています。締切りに近い体調なので、休み休みに原稿を書くのが、精一杯の状態ですが、毎日書くのが楽しみです。

一、最初に言葉あり。これなくして意思表示手段がありません。

「太初に言あり、言は神と偕《とも》にあり、言《ことば》は神《かみ》なりき。この言は太初《はじめ》に神《かみ》とともに在《あ》り、萬の物これに由りて成り、成りたる物《もの》に一つとして之によらで成《な》りたるはなし。」(ヨハネ伝第一章一～三節）とありますように、意思伝達手段としての言葉がなければ、何一つとして前進しませんが神はちゃんと用意下さっているのです。この言葉によって、人間共は意思表示し、争いも起これば、和解もなされているのです。戦争も起これば、平和ももたらせるのです。この言葉により意思表示して行きます。

『汝らの仇を愛し、汝らを責むる者《もの》ために祈《いの》れ』これ天にいます汝《なんぢ》らの父《ちち》の子《こ》とならん爲なり。天の父はその日を悪しき者《もの》のうへにも昇らせ、雨を正しき者にも正《ただ》しからぬ者《もの》にも降らせ給ふなり。なんぢら己《おのれ》を愛する者を愛すとも何の報をか得《う》べき、取税人《しゅぜいにん》も然《しか》するにあらずや。然らば汝ら天の父の全《まった》きが如く、汝らも全かれ。（マタイ傳第五章四八節）。

「なんぢら己《おの》がために財寶《たから》を地に積《つ》むな、ここは蟲《むし》と錆《さび》とが損《そこな》ひ、盗人《ぬすびと》うがちて盗《ぬす》むなり。なんぢら己がために財寶を天に積め、かしこは蟲と錆《さび》とが損《そこな》はず盗人《ぬすびと》うがちて盗《ぬす》まぬなり。なんぢの財寶のあるところには、汝《なんぢ》の心もあるべし（マタイ伝第六章一九～二一節）

地上にある宝は、形ある物が多く、使用する内に無くなったり、時には騙し取られることがあります。その点、天上に積まれている宝は何の心配もないのです。

「求めよ、然らば与へられん。尋ねよ、さらば見出さん。門《もん》を叩《たた》け、さらば開かれん。すべて求むる者は得、たづぬる者は見《み》いだし、門をたたく者は開《ひら》かるるなり。」（マタイ伝第七章七～八節）

このように、聖書に則し句を並べて、何でも良いから、お願いして下さい。ただし我儘なお願いごとでない限り、必ずお聞き届け下さるものなのです。

「弟子はその師にまさらず、僕はその主にまさらず。弟子はその師のごとく、僕はその主の如くならば足れり」（マタイ伝第十章二四～二五節）

聖霊は現世の如何なる霊より偉大で尊く、この世の創造者でもありますので、何時も聖霊に問いかけ導かれて行けば、大きく道を踏み間違えることはありません。

しかし、創造神が永きにわたりこの世を観察して来ましたが、この世が創造神が期待していたようには進捗していないことをご覧になり、一大決心をされました。

それは、神の独子イエス・キリストをこの世に送り込んで、共同してこの世を導こうとすることです。

一、イエス・キリストの誕生

「その頃バプテスマのヨハネ來《き》り、ユダヤの荒野《あらの》にて教を宣べて言《い》ふ、『なんぢら悔改《くいあらた》めよ、天國は近づきたり』」 これ預言者《よげんしゃ》イザヤによりて斯く云われし人《ひと》なり。曰《いは》く『荒野《あらの》にて呼はる者の聲す、『主の道を備《そな》へ、その路《みち》すぢを直くせよ』」（マタイ傳第三章一～三節）

創造神の、人決心により、その独子をこの世に送り込み、自我の強い人間共が多いこの世界を何とか住み易い場所にしようと計画したのでした。

「幸福なるかな、義のために責められたる者。天國はその人のものなり。我《わ》がために、人《ひと》なんぢらを罵しり、また責め、詐わりて各種《さま》の悪しきことを言ふときは、汝《なんぢ》ら幸福《さいわひ》なり。喜《よろこ》び喜べ、天にて汝らの報は大《おほ》いなり。汝《なんだ》らより前にありし預言者等《よげんしゃたち》をも斯《か》く責《せ》めたりき」（マタイ傳第五章一〇～一二節）

このように偉大なる聖霊に導かれて生活して居る者は、応々にして迫害され易い者であることも自覚すべきと思います。

「その頃イエス安息日に麦畑をとほり給ひしに、弟子たち飢《う》ゑて穂を摘み、食ひ始《はじ》めたるや、パリサイ人、見てイエスに言《い》ふ『見よ汝たちの弟子は安息日《あんそくにち》に爲まじき事をなす』彼らに言ひ給ふ『ダビデおのれと伴へる人々とともに飢ゑしとき、爲《な》しし事を讀まぬか。即《すなは》ち神の家に入りて、祭司のほかは、己もその伴へる人々も食ふまじき供のパンを食へり。また安息日に祭司ら宮の内にて安息日を犯せども、罪なきことを律法にて讀まぬか。われ汝らに告ぐ、宮よりも大なる者ここに在り。『われ憐憫《あはれみ》を好みて、犠牲を好まず』とは如何《いか》なる意か、汝《なんぢ》ら知りたらんには、罪なき者を罪せざりしならん。それ人の子は安息日《あんそくにち》の主たるなり』（マタイ十二章一〜八節）

パリサイ人に見られた時に、どうして弟子達は

・空腹にならない、必要な食物を、事前に採ることが出来なかったのか。

・何故、麦の実を摘んで手で揉んだのか。

・安息日は、家にて御神に感謝の祈りを捧げる日なのに、何故それをしなかったのか。

そこには何か理由があろうかと思いますが、パリサイ人の指摘も、決して無理からぬと

ところがあるのではないでしょうか。

「なほ語り給ふほどに「視よ、十二弟子の一人《ひとり》なるユダ来る。祭司長・民《たみ》の長老《ちょうろう》らより遣《つかは》されたる大いなる群衆、剣と棒《ぼう》とをもちて之に伴ふ。イエスを賣るもの預《あらか》じめ合圖《あいづ》を示して示して言ふ『わが接吻する者《もの》はそれなり、之を捕へよ』かくて近《ちか》づき『ラビ、安《やす》かれ』といひて接吻したれば、イエス言ひたまふ『友よ、何とて來る』このとき人々《ひとびと》すすみてイエスに手をかけて捕ふ。視《み》よ、イエスと偕にありし者のひとり手《て》を延《の》べ、剣《つるぎ》を抜《ぬ》きて、大祭司の僕をうちて、その耳《みみ》を切り落《おと》せり。

ここにイエス彼に言ひ給ふ『なんぢの剣《つるぎ》をもとに收めよ。すべて剣《つるぎ》をとる者《もの》は剣《つるぎ》にて亡ぶるなり。我わが父に請ひて十二軍に餘《あま》る御使《みつかひ》をたまはるを能《あた》はずと思《おも》ふか。もし然せば斯くあるべく録したる聖書《せいしょ》はいかで成就すべき』この時イエス群衆《ぐんじゅう》に言《い》ひ給《たま》ふ『なんぢら強盗に向ふごとく剣《つるぎ》と棒《ほう》とをもち、我を捕へんとて出できたるか。我《われ》は日々宮に坐して教へたりしに、汝《なんぢ》ら我《われ》を捕《とら》へざりき、されど斯の如くなるは、みな預言者《よげんしゃ》たちの書の成就せん爲なり』　爰《ここ》に弟子《でし》たち皆《みな》イエスを棄てて逃げさりぬ（マタイ傳第二六章四十七〜五十六節）

ここでは、イエスを当時の権力者にユダが売り飛ばしたとか、冒頭に書かれていますが、金銭目的の為に反逆を行ったのです。捕われた時にイエスが言われた「預言者たち」の書《ふみ》の成就する為なりと述べたのは、創造神が不信に陥った人類の生活を観察して来ましたが、従来通りのままでは救済されていないのがご覧になったからでその為その御子をこの世に送り込み、人類の総ての罪を背負わせて十字架に架りつけ、罪の恐しさを見せつけただけでなく、その御子が処刑して罪を精算して下さいました。これを信じる者皆、救われる道があることを示して下さったのです。

神の御子イエスが創造神の指示通り共同して人類を救い出さんと様々なお働きをなさったことは既にマタイ伝を通して説明申し上げた通りでありますが、今回は「マルコ」伝ではどのように表現されているかを、研究したいと思います。

「神の子イエス キリストの福音の始め。

預言者イザヤの書に、視よ、我なんぢの顔の前にわが使を遣《つかは》す、彼なんぢの道を設《もう》くべし。荒野に呼はる者の聲す『主の路を直くせよ』と録されたる如く、バプテスマのヨハネ出で、荒野にて罪の赦を得さする悔改のバプテスマを宣傳《のべつた》ふ。ユダヤ全國またエルサレムの人々、みな其の許に出で來《きた》りて罪《つみ》を言ひあらはし、ヨルダン川《がわ》にてバプテスマを受けたり。ヨハネは駱駝の毛織を著《き》、腰に皮の帯して、蝗と野蜜を食へり。かれ宣傳《のべつた》へて言ふ「我よりも力ある者、わが後《のち》に來る。我は屈みて、その鞋の紐をとくにも足《た》らず。我は水にて汝らにバプテスマを施せり。されど彼は聖靈にてバプテスマを施《ほどこ》さん。

その頃イエス、ガリラヤのナザレより來《きた》り、ヨルダンにてヨハネよりバプテスマを受《う》け給ふ。斯て水より上るをりしも、天《てん》さけゆき御靈、鴿のごとく己に降るを見給《みたま》ふ。かつ天《てん》より聲出づ「なんぢは我が愛しむ子なり、我なんぢを悅ぶ」

斯て御靈ただちにイエスを荒野《あらの》に逐ひやる。荒野にて四十日の間サタンに試《こころ》みられ、獸とともに居給ふ。御使たち之に事へぬ（マルコ傳一章九〜一三節）。

この章では、創造神がその独子を人間の世界に送り込み、どの様な状態下にあるかを調査させる様子が記述されています。その爲洗礼者ヨハネを先遣させて、イエス様に洗礼を施して、この世の汚れに染まらないよう予防し、又、サタンに攻撃されないよう常に弟子達に守らせたことが記述されています。

「かれら又エルサレムに到《い》る。イエス宮の内を歩み給ふとき、祭司長《さいしちょう》・學者《がくしゃ》・長老《ちょうろう》た

ら御許に來りて、『何の權威をもて此等の事を爲すか、誰が此等《これら》の事を爲すべき權威を授《さづ》け

しか』と言《い》ふ。イエス言ひ給ふ『われ一言 なんぢらに問はん、答へよ、然らば我も何《なに》の

權威をもて 此等の事を爲すかを告げん。ヨハネのバプテスマは天よりか、人よりか、我《われ》

に答へよ、然らば我も何の權威をもて、此らのことを爲すか告げん。ヨハネのバプテスマは

天よりか、人よりか、我に答へよ、然らば我も何の權威をもて、此等の事を爲すか、告《つ》

げん。ヨハネのバプテスマは、天よりか、人よりか、我に答《こた》へよ』彼ら互に論じて言《い》ふ

『もし天よりと言はば「何故かれを信ぜざりし」と言はん。然れど人《ひと》よりと言はんか……』

彼ら群衆を恐れたり、人みなヨハネを眞に預言者と認めたればなり（マルコ傳第十一章

七節〜三三節）。

こゝでは、創造神がこの神なきこの世に送り込む前に、その先遣隊として洗礼者ヨハネ

をこの世に送り込み、その後を追った様子が記載されています。それにしても、ルカ伝ではどの

ように表現されているか注目しましょう。

「アンナスとカヤパとの大祭司たりしとき、神の言、荒野《あらの》にてザカリヤの子ヨハネに臨《のぞ》

めり、斯てヨルダン河の邊なる四方の地に往き、罪の赦を得さする悔改のバプテスマを

言傳ふ。預言者イザヤの言の書《ふみ》に『荒野《あらの》に呼はる者の聲す。「主の道《みち》を備《そな》へ、その路《みち》すぢを直くせよ。もろもろの谷は埋《う》められ、もろもろの山と岡とは平げられ、曲《まが》りたるは直《なほ》く、険しきは坦かなる路となり、人《ひと》みな神《かみ》の救を見ん」と録されたるが如《ごと》し。偖《さて》ヨハネ、バプテスマを受けんとて出できたる群衆にいふ『蝮の裔よ、誰が汝《なんぢ》らに、來《きた》らんとする御怒を避くべき事を示したるぞ。さらば悔改《くいあらため》に應しき果を結べ。なんぢら「我《われ》らの父《ちち》にアブラハムあり」と心のうちに言《い》い始むな、我《われ》なんぢらに告ぐ、神はよくこれらの石《いし》よりアブラハムの子等を起し得給ふなり』（ルカ傳第三章三～四節）。

こゝでは、洗礼者ヨハネが、創造神の独子イエス・キリスト来臨の道をスムーズにする爲に活躍している様子が記載されています。

「イエス安息日に麥畠を過《す》ぎ給《たま》ふとき、弟子たち穂を摘み、手にて揉《も》みつつ食《くら》ひたれば、パリサイ人のうち或者ども言《い》ふ『なんぢらは何ゆゑ安息日に爲《す》まじき事《こと》をするか』イエス答へて言《い》ひ給ふ『ダビデその伴《ともな》へる人々とともに飢ゑしとき、爲《な》しし事《こと》をすら讀《よ》まぬか。即ち神の家に入りて、祭司の他《ほか》は食《くら》ふまじき供のパンを取《と》りて食《くら》ひ、己《おのれ》と偕《とも》なる者にも與へたり』また言ひたまふ『人《ひと》の子は安息日の主たるなり』（ルカ傳第六章一

した節。

ルカ伝ではより詳細にその時の様子を事細かく描写していました。然し乍ら、空腹で我慢ならない時、弟子達に祭壇に供えられていたパンを食した時の状態が描かれているのです。

創造神以ての神イエスに働く
天の中に居って、人間の生き様を御覧して来た父なる神は、人類の自我から生じるであろう様々な争い事を何とか防ごうと出来ないかと努力して来た様子が聖書に書かれていません。しかし、現在は何でも争いが絶えません。国家間を見ても、例えばプーチン大統領のウクライナ侵攻、東南アジアでの覇権争い、アメリカ・ソ連の冷戦等、数えれば切りがありません。

再度、聖書の解説に戻ります。

金銭は生活して行く為には必要ですが、金銭獲得目的で、創造神の神とを時の権力者に売り飛ばす事は大罪です。勿論ユダもそれはイエス・キリストが創造神の独り子であることなんて毛頭思っていません。十二弟子の一人と信じていました。金銭欲しさに銀貨三〇枚で祭司長側にイエス様を売り渡したのでした。弟子達の会計担当であった彼が小使い欲しさにイエス様を銀貨三〇枚で祭司長側に彼を売渡したのです。

後程イエス様が十字架に張付けになって他界したことを知ったユダは後悔し、銀貨を神殿に投げ込み、首をつって自殺したのでした。大地創造の神は言ふ。『ダビデの子《こ》ヨセフよ、妻マリヤを納るる事を恐るるな、その胎《はら》に宿る者は聖靈によるなり。かれ子を生《うま》ん。汝《なんぢ》その名をイエスと名づくべし。己《おの》が民をその罪より救ひ給ふ故なり。曰《いは》く『視《み》よ 處女《おとめ》みごもりて子を生まん。その名《な》はインマヌエルと稱へられん』」之を釋けば、神われらと偕に任すといふ意なり。ヨセフ寐より起《お》き、主《しゅ》の使《つかひ》の命《めい》ぜし如くして妻を納れたり。されど子の生《うま》るるまでは、相知る事なかりき。斯《かく》てそのイエスを名づけたり。（マタイ傳第一章一八～二四節）。」

こゝでは、マリヤに聖靈が入り込み、胎ませこの世に生ならしめた次第が詳細に記されています。

「預言者イザヤの書に『視よ。我なんぢの顔の前に、わが使を遣《つかわ》す、彼《かれ》なんぢの道《みち》を設くべし。荒野に呼はる者の聲《こゑ》す。「主の道を備へ、その路《みち》すぢを直《なほ》くせよ。』

と録されたる如くバプテスマのヨハネ出でて、荒野にて罪の赦《ゆるし》を得さする悔改のバプテマを宣傳ふ。ユダヤ全國またエルサレムの人々みな彼の許に出《い》で來《きた》りて罪を言ひあらはし、ヨルダン川にてバプテスマを受けたり。ヨハネは駱駝の毛織《けおり》を著《き》、腰に皮の帶をし、蝗《いなご》と野蜜とを食へり。かれ宣傳へて言ふ『我よりも力ある者わが後《のち》に來る。我は屈みて、その鞋の紐を解くにも足らず。我は水にて汝らにバプテスマを施《ほどこ》せり。されど彼は聖靈《せいれい》にてバプテスマを施さん』

その頃イエス、ガリラヤのナザレより來り、ヨルダンにてヨハネよりバプテスマを受《う》け給ふ。直に水より上り給ひしに、天さけゆき、御靈の鳩のごとく己《おのれ》に降るを見給ふ。かつ天より聲出づ『なんぢは我が愛しむ子なり。我なんぢを悦《よろこ》ぶ』（マルコ傳第一章一～十一節）

イエス・キリストがこの世でスムーズに人間の救済活動できるようにと、授洗者ヨハネがこの世に、前もって飛び込み、イエス様に授洗した様子が記されています。

ルカ傳では次のように記されています。

「民、待ち望みたれば、みな心の中にヨハネをキリストならんかと論《ろん》ぜしに、ヨハネ凡ての人に答へて言ふ『我は水《みづ》にて汝らに　バプテスマを施す、されど我《われ》より能力《ちから》ある者きたらん。我はその靴の紐を解くにも足《た》らず、彼《かれ》は聖靈と水とにてバプテスマを施《ほどこ》さん。手には箕を持ちたまふ。禾場をきよめ、麥《むぎ》を倉《くら》に納めんとてなり。而《しか》して殻《から》は消《き》えぬ火にて焚きつくさん』」（ルカ傳第三章一五～一七節）。

「求めよ、さらば與へられん。尋《たづ》ねよ、然《さ》らば見出さん。門を叩け、さらば開《ひら》かれん。すべて求むる者は得、尋ぬる者《もの》は見いだし、門をたたく者は開かるるなり。汝等《なんぢら》のうち、唯かその子パンを求めんに石を與《あた》え、魚を求《もと》めんに蛇を與へんや。然らば汝ら悪《あ》しき者《もの》ながら、善き賜物をその子らに與ふるを知る。まして天にいます汝らの父は　求《もと》むる者《もの》に善《よ》き物を賜はざらんや。然らば凡《すべ》ての人に爲《せ》られんと思ふことは、人にも亦《また》その如《ごと》くせよ。これは律法なり、預言者なり。

狹き門より入れ、滅にいたる門《もん》は大きく、その路は廣く、之より入《い》る者《もの》おほし。生命《いのち》にいたる門は狹く、その路は細く、之《これ》を見出《みいだ》すもの少なし。」（マタイ傳七章七～一四節）

こゝでは、父なる神が私達にお示し下さった守るべき「戒め」について、ご紹介させて戴きました。少くとも之を守る者は霊的に救いの道が残されていると言うことです。感謝誘惑に参ります。

「試むる者きたりて言ふ『なんぢ若し神の子ならば、命《めい》じて此等《これら》の石をパンと爲《な》らしめよ』答へて言ひ給《たま》ふ『「人の生くるはパンのみに由るにあらず。神の口より出づる凡《すべ》ての言による」と錄《しる》されたり』 ここに惡魔イエスを聖《せい》なる都《みやこ》につれゆき、宮の頂上に立《た》たせて言ふ『なんぢ若し神の子ならば、己が身《み》を下に投げよ。それは「なんぢの爲に御使《みつかひ》たちに命じ給はん。彼ら手にて汝《なんぢ》を支へ、その足の石に打ち當《あ》る事なからしめん」と錄《しる》されたるなり』 イエス言ひたまふ『「主なる汝の神を試むべからず」とまた錄されたり』

惡魔はまたイエスを最高き山につれゆき、世のもろもろの國《くに》と、その榮華とを示して言《い》ふ『なんぢ若し平伏《ひれふ》して我を拜せば、此等を皆《みな》なんぢに與へん』 爰にイエス言ひ給ふ、『サタンよ、退け「主なる汝の神を拜し、ただ之にのみ事へ奉《たてま》るべし」と錄されたり』 ここに惡魔は離《はな》れ去り、視よ、御使《みつかひ》たち來り事《つか》へぬ」（マタイ傳第四章三〜十一節）。

サタンの試みは強烈で、様々な手段でイエス様を攻撃して来ましたが、これに対応して決して御心から離れなかった様子が描かれています。

「イエス、カペナウムに入《い》り給《たま》ひしとき、百卒長《ひゃくそつちゃう》きたり、請ひていう「主《しゅ》よ、わが僕《しもべ》、中風を病み、家に臥し居て甚く苦《くる》しめり』イエス言ひ給ふ『われ往《ゆ》きて醫《いや》さん』百卒長こたえて言ふ『主よ、我《われ》は汝《なんぢ》を我《わ》が屋根《やね》の下に入れ奉るに足《た》らぬ者《もの》なり。ただ御言のみを賜へ、さらば我が僕《しもべ》はいえん。（マタイ傳第八章五～八節）」。

中風を病んでいる者の家に百卒長に招き入れて、部下の中風の病を治すよう懇願されたイエス様が、へりくだって祈る上司の姿に打たれ対応した様子が表現されています。

「イエス此處より進みて、マタイといふ人《ひと》の收税所に坐しをるを見《み》て『我《われ》に從《したが》へ』と言《い》ひ給へば、立ちて從へり。

家にて食事の席につき居給ふとき、視よ、多《おほ》くの取税人・罪人ら來りて、イエス及《およ》び弟子《でし》たちと共に列る。パリサイ人《びと》これを見《み》て弟子《し》たちに言ふ『なに故《ゆゑ》なんぢらの師《し》は、取税人・罪人らと共に食するか』之を聞《き》きて言《い》ひ給ふ『健やかなる者《もの》は醫者《いしゃ》を要《よう》せず、たゞ病める者これを要す』『なんぢら往《ゆ》きて學べ』『われ憐憫を好みて、犠牲《いけにへ》を好《この》まず』とは如何なる意ぞ、我は正しき者《もの》を招《まね》かんとにあらで、罪人を招《まね》かんとて來《きた》れり」。（マタイ傳第九章一〇～一四節）

イエス様が取税人たちや罪人たち等と会食しているところを見たパリサイ人が、弟子達に質問した時の様子が記されています。その答えが「健やかなる者は醫者を要せず、たゞ病める者これを要す」でありました。

「イエス舟にのり、渡りて己が町にきたり給ふ。視よ、中風にて床《とこ》に臥しゐる者を、人々《ひとびと》みもとに連れ来れり。イエス彼らの信仰を見て、中風の者に言《い》ひたまふ『子よ、心安《やす》かれ、汝の罪ゆるされたり』視よ、或る学者ら心の中にいふ『この人は神を瀆すなり』イエスその思いを知りて言ひたまふ『何ゆゑ心に悪しき事《こと》を思《おも》ふか。汝の罪ゆるされたりと言ふと、起《お》きて歩めと言ふと、孰が易き。人の子の地《ち》にて罪《つみ》を赦す権威あることを汝らに知らせん為に』――乃ち中風の者に言ひ給ふ『起《お》きよ、床をとりて汝の家《いへ》に帰れ』彼起《お》きて己の家にかへる。群衆これを見ておそれ、斯る権能を人にあたへたまへる神を崇めたり。」〔マタイ傳福音書・第九章一〜八節〕

イエス・キリストによって中風の者が、癒された事を目撃した学者達が、神を汚す者だと思ったのを見抜いたイエス様が、私は地上で人を許す権限があると知らしめた場面です。

「イエス此等のことを語りゐ給ふとき、視よ、一人の司きたり。拝《はい》して言ふ『わが娘《むすめ》いま死にたり、然れば來たりて　御手《て》を之《これ》におき給はば生きん』」イエス起《た》ちて彼《かれ》に伴《ともな》ひ給ふに、弟子たちも從ひぬ。視よ、十二年血漏《ぢふにねんけつろう》を病ひゐたる女、イエスの後にきたりて、御衣の總にさわる。それは御衣にだに觸らば救われん』心の中にいへ嘲答るるなり。イエスふりかへり、女を見て言ひたまふ　『娘《むすめ》よ　心安かれ　汝の信仰《しんかう》なんぢを救《すく》へり』。女この時より救はれたり。斯て司《かさ》の家にいたり、笛ふく者と騒ぐ群衆《ぐんじゆう》とを見《み》て言《い》ひたまへり。『退け、少女は死にたるにあらず、寐たるなり』　人々イエスを嘲笑《あざわら》ふ。』（マタイ傳第九条・八〜二四節）。

十二年間も血漏を病んで居た女性がイエス様の御衣にでも触れば、必ず治ると信じる強い信仰心によって救われた場面が描かれています。

「然れば汝ら種播く者の譬《たとへ》を聽《き》け。誰《たれ》にても天國の言を聞きて悟らぬときは、惡《あ》しき者きたりて、その心に播かれたるものを奪ふ。路の傍らに播かれしとは斯《か》る人《ひと》なり。磽地に播かれしとは、御言をききて、直ちに喜び受くれども、己に根なければ暫《しば》し耐《た》ふるのみにて、御言のために艱難《かんなん》、あるひは迫害《はくがい》の起るときは、直ちに躓《つまづ》くものなり。茨《いばら》の中に播かれしとは、御言をきけども　世《よ》の心勞と財貨の惑とに御言葉《みことば》を塞《ふさ》がれて實《みの》らるるものなり。良き地に播かれしとは、御言を聴きし悟り、實《み》を結《むす》びて、或は百倍　あるひは六十倍　あるひは三十倍に至るものなり」（マタイ傳第十三章十八〜二十三節）。

創造神の播いた種が畑に育つかどうかは、播かれた土地の場所の違いによって異なって参ります。従って、自分が悪い神と種を蒔んでしまわないような土地を提供する義務があるのであります。

それ故には、常に土地の性格の違いに気配りする必要があるのです。

創造神を積極的に信仰する必要があるのであります。この世の人間関係や財産に惑わされしなければならないのです

宮に到りて教へ給ふとき、祭司長・民の長老ら御許に來りて言《い》ふ『何の權威をもて此等《これら》の事をなすか、誰が此の權威を授けしか』

イエス答へて言ひ給ふ『我も一言なんぢらに問はん。もし夫《それ》を告《つ》げなば、我も亦何《なん》の權威をもて此等の事を爲すかを告げん。ヨハネのバプテスマは何處《いづこ》よりぞ、天よりか、人よりか』かれら互に論じて言ふ『もし天よりと言《い》はば「何故《なにゆゑ》かれを信ぜざりし」

と言わん、もし人よりと言はんか。人《ひと》みなヨハネを預言者と認むれば、我《われ》らは群衆《ぐんしゅう》を恐《おそ》る。』

遂に答へて『知らず』と言へり。（マタイ傳第二一章二三〜二七節）

地域の有力者がイエス様と討論する様子が記されています。イエスの奇跡の由来が何処からもたらされるのかと言うのです。この世の権力者はそれを維持する必要がある為です。

「大祭司いう『われ汝に命ず、活《い》け神《かみ》に誓ひて我らに告げよ、汝はキリスト、神《かみ》の子《こ》なるか』イエス言ひ給ふ『なんぢの言へる如し、かつ我なんぢらに告ぐ、今《いま》より後《のち》、なんぢら人の子の、全能者の右に坐し、天の雲《くも》に乗り来るを見ん』ここに大祭司《だいさいし》おのが衣《ころも》を裂きて言ふ『かれ瀆言を言へり、何ぞ他《ほか》に証人《しょうにん》を求めん、視よ、なんぢら今《いま》この瀆《けがし》ことを聞けり。いかに思ふか』答《こた》へて言ふ『彼は死に當れり』ここに彼等《かれら》その御顔《みかほ》に唾《つばき》し、拳にて搏ち、或る者どもは手掌《のひら》にて批《たゝ》きて言ふ『キリストよ、我《われ》らに預言《よげん》せよ、汝《なんぢ》をうちし者は誰なるか』（マタイ傳第二六章六三節後半〜六八節）。

こゝに、キリスト様が人類の総ての罪を背負い、十字架にかゝることによって、罪の恐しさを示すと共に、人類の凡ての罪を人類に変って背負うことで罪の精算をして下さったのであります。これによって、この事実を信じる者に罪の免しの道を開いて下さったので有難いことではないでしょうか。

『晝の十二時になりしに、地《ち》の上徧《あまね》く暗くなりて、三時《さんじ》に及ぶ。三時にイエス大聲に『エロイ、エロイ、ラマ、サバクタニ』と呼はり給ふ。之《これ》を釋《と》けば、わが神、わが神《みかみ》、何ぞ我を見棄て給ひし、との意なり。傍らに立つ者のうち或《あ》る人々これを聞きて言《い》ふ『視よ、エリヤを呼ぶなり』一人はしり往きて海綿に酸き葡萄酒《ぶどうしゅ》を含ませ、葦につけ、イエスに飲ませんとして言ふ『待て、エリヤ來りて彼を下すや否《いな》や、我ら之を見ん』イエス大聲を出して息絶え給ふ。聖所の幕、上より下まで裂けて二《ふた》つとなれり。イエスに向ひて立てる百卒長、かく息絶え給ひしを見て言《い》ふ『實にこの人は神の子なりき』（マルコ傳福音書十五章三十三〜三十九節）』

イエス様が人類の凡ての罪を背負って、十字架につけられている様子が描かれています。

十字架上の苦しみ、時の権力者による侮辱の中で、人間の凡ての罪を背負い、人類の救いの道を開く為に、自ら犠牲的死を遂げて下さった様子が描かれています。

『爰に十二年、血漏を患ひたる女あり。多くの醫者に多《おほ》く苦《くる》しめられ、有てる物をことごとく費したれど、何の效なく、反つて増々悪しくなりたり。イエスの事をききて、群衆にまじり、後に來りて、御衣《みころも》にさはる、『その衣にだに觸れば救《すく》はれん』。と自《みづか》ら謂えり。期て血の泉、たゞちに乾《かわ》き、病《やまい》のいえたるを身に覺えたり。」マルコ傳第五章二五～二九節）。

ここでは十二年間も血漏を患っていた女が治りたい一心で、イエス様に頼む以外に道はないと心に決め、その衣にそっと触って完治した場面が描かれています。

「ユダヤの王ヘロデの時、アビヤ組の祭司《さいし》に、ザカリヤという人あり、その妻《つま》はアロンの裔にて名をエリザベツといふ。二人ながら神の前に正しくして、主《しゅ》の誡命《いましめ》と定規《さだめ》とを、みな缺なく行へり。エリザベツ石女《うまずめ》なれば、彼《かれ》らに子なし、また二人《ふたり》とも年邁《としすす》みぬ。

さてザカリヤその組の順番に當《あた》りて、神《かみ》の前に祭司の務を行ふとき、祭司《さいし》の慣例《ならはし》にしたがひて、籤をひき主の聖所に入《い》りて、香《かう》を燒くこととなりました。香《かう》を燒《た》くとき民《たみ》の群《むれ》みな外にありて祈りゐたり。時《とき》に主《しゅ》の使《かひ》あらはれて香壇の右に立《た》ちたれば、ザカリヤ之《これ》を見て、心騒ぎ懼を生ず。御使《みつかひ》いふ『ザカリヤよ懼るな。汝の願《ねがい》は聽《き》かれたり、汝《なんぢ》の妻エリザベツ男子を生まん、汝《なんぢ》その名《な》をヨハネと名づくべし。なんぢに喜悅《よろこび》と歡樂《たのしみ》とあらん、又おほくの人もその生《うま》るるを喜ぶべし。その子主の前に大ならん。また葡萄酒《ぶどうしゅ》と濃き酒とを飲まず、母の胎を出づるや聖霊にて満されん。また多《おほ》くのイスラエルの子《こ》らを、主なる彼らの神に帰らしめ、且エリヤの霊と能力とをもて、主の前に往かん。これ父の心を子に、戻れる者を義人の聡明に帰らしめて、整へたる民《たみ》を主のために備へんとてなり」

ザカリヤ御使にいふ「何に拠りてか此の事を知らん」　我《われ》は神の御前に立つガブリエルなり、汝に語りて此の嘉き音信を告げん為に遣さる。視《み》よ、時《とき》いたらば必ず成就《じょうじゅ》すべき我が言を信ぜぬに因り、なんぢ物言へずなりて、此らの事《こと》の成《な》る日までは語ること能《あた》はざるべし」

民はザカリヤを待ちゐて、その聖所の内に久しく留まるを怪《あや》しむ、遂に出で来たれど語ること能はねば、彼らその聖所の内に久しく留まるを怪しむ。」ルカ傳一章一一～二一節。

イエスの道案内なるヨハネが、生まれる前の両親から誕生する迄の経緯と、その後の様子が記されています。

太初に言あり、言は神と偕にあり、言は神なりき。この言《ことば》は太初《はじめ》に神と偕に在り、萬の物これによりて成り、成りたる物に一《ひと》つとして之によらで成りたるはなし。之《これ》に生命《いのち》あり、この生命は人の光なりき。光《ひかり》は暗黒《くらき》に照る。而して暗黒は之《これ》を悟《さと》らざりき。神《かみ》より遣わされた人いできたり、その名《な》をヨハネといふ。この人は證のために來《きた》れり、光《ひかり》に就きて證をなし、また凡ての人《ひと》の彼《かれ》によりて信ぜん爲なり。彼は光《ひかり》にあらず、光《ひかり》について證せん爲に來れるなり。

もろもろの人を照らす眞の光《ひかり》ありて、世《よ》に來《きた》れり。彼は世にあり、世《よ》は彼《かれ》によりて成《な》りたるに、世は彼を知らざりき。かれは己《おのれ》の國にきたりしに、己の民《たみ》はこれを受《う》けざりき。

されど彼を受けし者、即ちその名を信《しん》ぜし者には、神の子となる權《けん》をあたへ給《たま》へり。斯《か》る人は血脈によらず、肉の欲《よく》にらず、人《ひと》の欲によらず、ただ神によりて生《うま》れしなり。」ヨハネ傳第一章一〜十三節）。

「意思表示は、言葉によらないと出来ません。創造神は人間共に、それをお与え下さいました。感謝です」。

『我は預言者イザヤの云へるが如く「主《しゅ》の道直くせよ」と、荒野《あらの》で呼《よば》はる者《もの》の聲《こゑ》なり』

かの遣されたる者は、パリサイ人なりき。また問ひて曰ふ『なんぢ若しキリストに非《あら》ず、またエリヤにも、かの預言者にも非ずば、何故バプテスマを施《ほどこ》すか』ヨハネ答へて言ふ『我は水にてバプテスマを施す。なんぢらの中に汝らの知らぬもの一人立てり。即《すなは》ち、我が後に来る者なり。我はその鞋の紐を解くにも足らず』　これらの事はヨハネのバプテスマを施しゐたりしヨルダンの向かふのベタニヤにてありしなり」（ヨハネ伝第一章二十節〜二十八節）

ヨハネがイエス・キリストの先導者としてこの世に送り込まれ、その役割を果していた様子が記されています。

『光はもろもろの人を照す真の光ありて、世にきたれり。彼《かれ》は世にあり、世は彼に由りて成りしに、世は彼を知らざりき。彼《かれ》は己の国にきたりしに、己《おのれ》の民はこれを受けざりき。されど之を受けし者、即ちその名を信ぜし者には神の子《こ》となる権をあたへ給へり。斯る人は血脈によらず、肉の欲によらず、人の欲によらず、たゞ神によりて生れしなり。言は肉体となりて我らの中に宿《やど》りたまへり。我らその栄光《えいくわう》を見たり、実《げ》に父の独子《ひとりご》の栄光にして恩恵《めぐみ》と真理とに満てり。ヨハネ彼につき證をなし、呼《よば》はりて言ふ『わが後《のち》に来る者は我に『「わが後に来る者《もの》は我《われ》に勝れり、我より先にありし故なり」』と我《わ》が曽《かつ》て言《い》へるはこの此の人なり」』 我らは皆《みな》その充ち満《み》ちたる中より受けて、恩恵《めぐみ》に恩恵《めぐみ》を加《くわ》へらる」）ヨハネ傳第一章十三節後半〜十六節）

洗礼者ヨハネが救世主イエスの案内役として、この世に生を享けた事を表明しています。

「さてユダヤ人 エルサレムより祭司とレビ人とをヨハネの許に遣《つかわ》して『「なんぢは誰《たれ》なるか」』と問はせし時、ヨハネの證は斯《かく》の如し。

乃ち言ひあらはして諱まず『「我《われ》はキリストにあらず」』と言ひあらはせり。また問《と》ふ『「さらば何、エリヤなるか」』答《こた》ふ『「然《しか》らず」』問《と》ふ『「かの預言者なるか」』答ふ『「いな」』ここに彼ら言ふ『「なんぢは誰《たれ》なるか、我《われ》らを遣《つかは》しし人々に答へ得るよう為《せ》よ、なんぢは己につきて何と言ふか」』答へて言ふ『我《われ》は預言者の言へるが如く「主《しゅ》の道《みち》を直《なほ》くせよ」と、荒野に呼はる者の聲なり』 かの遣《つか》わされたる者は、パリサイ人なりき。また問《と》ひ言《い》ふ『なんぢ若しキリストに非ず、またエリヤにも、かの預言者にも非ずば、何故《なにゆゑ》バプテスマを施すか』」

ヨハネ答へて言ふ『我は水にてバプテスマを施す、なんぢらの中《うち》に汝《なんぢ》らの知《し》らぬもの

出たり。即ち我より後にきたる者なり。我《われ》はその鞋《くつ》の紐《ひも》を解《と》くにも足《た》らず。」（ヨハネ傳第一章二十〜二七節）

創造神に対してまことに謙虚にオープンにしている者は、何も恐れる事はない事を示しています。

「彼らゲツセマネと名づくる處に到りし時、イエス弟子たちに言ひ給ふ『我が祈る間《あひだ》、ここに座せよ』斯て彼らペテロ、ヤコブ、ヨハネを伴ひゆき、甚く驚き、かつ悲しみ出でて言ひ給ふ『わが心いたく憂ひて死ぬばかりなり。汝ら此處に留まりて目を覺しきをれ』少し進みゆきて地に平伏し、もし得べくば此の時より過ぎ往かんことを祈りて言ひ給ふ『アバ父よ、父には能はぬ事なし、此の酒杯を我より取り去り給へ』されど我が意《こころ》のまゝにならんとするにあらず、御意のまゝを成し給へ』（マルコ傳第十四章三二〜三六節）。

イエス様が父なる創造神の御心に従い、全人類の罪を負って十字架にかかられ、唾をかけられたり、鞭打たれ、血を流したりしています。

ところが世の悲しみを体験した上に、これを信じる者に勝利の道が残されている事を示しています。

イエス様とは言え、この世の人達を救う為に人間の姿でこの世に送り込まれている以上、人類の凡ての罪を背って十字架にかゝり、辱しめを受け乍ら処刑されるのは厭です。そこで『エリ、エリ、レマ、サバクタニ』と言われたのであります。訳せば「父なる神よ、どうして私をお見捨てなさるのですか」と言う意味です。これによって、恐れ多くも、この事実を信じる者には、罪の許しを得る道が開かれたのであります。

「エホバ神土の塵を以て人を造り　生気《いのちいき》を其鼻に嘘入れたまへり　人《ひと》即《すなは》ち生靈《いけるもの》となりぬ。エホバ神エデンの東に方《かた》に園を設《もう》けて其造りし人を其処に置《お》きたまへり　エホバ神観るに美麗く食ふに善き各種《もろ》の樹を土地《とち》より生ぜしめ又園の中に生命《いのち》の樹《き》および善悪《ぜんあく》を知の樹を生ぜしめ給へり。（創世記第二章七〜九節）

創造神は土の塵で人間をお造りになったとあります。従って肉的に言えば土から生れ、土に帰る身であります。

しかし、創造神は、霊的に永遠の生命を得る道を残して下さったのです。

それは、この世に人間共を生ならしめて下さっている創造神を、常に忘れないように願ていることです。旧約の如くに人を造られた創造神は、我が事のように人間のことを何も忘れたことはないのです。

「エホバ神土の塵を以て人を造り生気を其鼻に嘘入れたまへり、人即ち生霊となれり」

とありますように、人間は土から生まれたからには、必ず土に帰るのです。

創造神はエデンの楽園に人間を置き、見るからに美味そうな実のなる様々な樹を植え、人間をそこに置きました。そして、どの樹の実を食しても良いが、善悪を知る樹の実だけは、それを食してはならないと厳命しましたが、食欲にかられて善悪を知る樹の実を食してしまったのです。ヤハウェ、どうでしょうか。霊的な目が開け神のように何でも解るようになったのでした。それを察知した創造神は、アダム（人類の祖で男性）とエバ（アダムの妻）に言われました。

アダムに対して「汝は一生のあいだ労苦して地より食を得《え》ん」又、エバに対しては「汝は苦しみて子を産まん。又、汝は夫をしたひ、彼は汝を治めん。」（創世記第三章九〜一四節参照）

われ祈のときに汝らを憶えて、常に汝《なんぢ》ら衆人《もろもろ》のために神に感謝《かんしゃ》す。これ汝《なんぢ》らが信仰《しんかう》のはたらき、愛の労苦、主イエス・キリストに對する望の忍耐を、我《われ》らの父《ちち》なる神《かみ》の前《まへ》に絶えず念ふに因りてなり。

クリスチャンは、この世に私達を生ならしめている創造神に常に感謝し、私達罪人の爲にその罪の凡てを背って十字架につき、その代価をお支払下さったイエス・キリストを一刻も忘れずにお過し下さい。

「それ一人の人により罪は世《よ》に入《い》り、また罪によりて死は世に入り、凡《すべ》ての人《ひと》、罪《つみ》を犯《おか》し故に死は凡ての人に及べり（ロマ書五章十二節）。

あとがき

ウクライナでは依然として戦争が続いており、北朝鮮や台湾問題、炭酸ガス排出による地球温暖化問題、このようだと地球の温度は上昇を続け金星のように人間が住めなくなるとも言われています。私達は創造神によりこの世に生ならしめて戴いている身でありますので、その肉体は必ずしびるものですか、その短い人生をくよくよせず、創造神に総て委ねたいものです。創造神は私達人間共を造られたからです。

その証拠に「神其像の如に人《ひと》を創造たまへり即ち神の像の如に人《ひと》を之《これ》を創造《つく》り之《これ》を男と女に創造たまへり」（創世記第一章、七節）とありますように、創造神がご自分の姿のごとくに人間をお造りになったからです。このような人間共を愛さない筈がないからであります。従って私達人間共も、創造神を崇め奉つる立場にあります。心を尽し、精神を尽し、思いを尽して、創造神を崇め奉りましょう。

「神其像の如くに人を創造たまへり即ち神の像の如くに之《これ》を創造《つくり》之を男と女に創造《つくり》たまへり　神彼等を祝し神彼等に言たまひけるは生よ繁殖よ地に満盈《みて》よ之を服従せよ又海の魚と天空の鳥と地に動く所の諸の生物を治めよ」（創世記第一章二十七～二十八節）

このように、創造神はご自分の姿に似せて造った人間をこよなく愛し、この世に生かしめる手段を、おしえ下されたのであります。

そして生めよ、繁殖よ地に満盈よと祝福して下さったのです。しかし、我欲の強い人間達は、次々にして創造主の期待に反し、神をがっかりさせることが多かったのでした。

そのようなことは、創造神の姿の如くに造った人間共をこの世に送り込んで、生めよ繁殖よ地に満盈よと祝福して期待した意味がなくなるので最後の手段として、恐れ多くも創造神はその独り子をこの世に送り込み、人類の凡ての罪を背負せし十字架にかけ罪の赦しをと、罪の恐しさを十字架上で示すと共に、許しを得られる方法を与えて下さったのです。何と大きな創造神の愛ではないでしょうか。[illegible]五郎

[illegible]　ば神の[illegible]　[illegible]

山の上に　[illegible]の[illegible]　[illegible]

軒先に　燕の巣あり　にぎやかに
小川沿い　螢の光　今いずこ
雁《かりがね》の　南の空へ　どこへやら。

神の怒りと死後の世界

まえがき

この度「神の義の恵みと怒り」の改定版「神の怒りと死後の世界」を出版する運びとなりました。前書とは基本的思想は同じですが、出来得る限り分り易くお読み戴けるように改定致しました。

第一作『神はその獨子を賜ふほどに』、第二作『神の義による恵みに生きよ』に引き続き、第三作『神の義の恵みと怒り』を出版しようと決心致しましたのは、第二次世界大戦（当時は大東亜戦争と呼んでいた）敗戦後、占領政策によって人権が尊重され、個人主義、自由主義社会となったのは良いとしても、古来からの日本伝統文化が、一事、悉《ことごと》く否定され、合理主義が幅をきかせ、最近は個人主義と言うより利己主義が蔓延《まんえん》し、すっかり神を忘れた人達が多くなっていると感じるからであります。

旧約聖書の書き出しは、「元始《はじめ》に神天地《てんち》を創造たまへり」（創世記第一章一節）であります。太陽、月、満天に輝く星、そよ風、個々の緑 様々な色合いの草木 山、川 平原、広大な海、空飛ぶ鳥 地上の動物、海の魚、四季の移り変わり等、どれをとってみても、確かに人知の及ばないところであります。

人に関して、「神其像の如くに人を創造たまへり」（創世記第一章二十七節前半）とあります。神はその姿に似せ、理想的な像として人を造り、神の理想郷建設に協力させようと計画しました。そこで、人類の祖アダムとその妻エバをエデンの東の楽園に置き、豊かに自由に生活できるように計画しました。

ただ園の中にある「善悪を知の樹」の実だけは決してこれを食してはならないと厳命しておられました。しかし、サタンが蛇に化身したサタンの誘惑に負けて、これを食し、夫にもこれを与えたので、アダムもその禁断の樹の実を食したとあります。

その結果として神の怒りに触れ、二人はエデンの東の楽園から追放されて、人は必ず死ぬように運命づけられ、男は額に汗して働かなくては生活できなくなり、女は出産の苦しみを与えられたとあります（創世記第三章参照）。

古代、農耕民族であった日本人は、農作業をするにあたって太陽や雨、風などの自然現象に左右される場合が多く、人智を超越したこれら自然を神として崇め、祈りを捧げてきました。日神・月神・星神・天神・地神（地祇《ちぎ》）・風神・雷神・山神・海神・水神等であります。人の力は及ばないこれらのものに対して、少なくとも畏む姿勢がありました。今でも地方に行けば、一定地域の守護神として「村の鎮守の神様」が祀《まつ》られており、氏子《うじこ》の家々には神棚が造られ、氏神様のお札《ふだ》を納めて、毎日、朝な夕なに柏手《かしわで》を打って家族の平穏無事をお祈りしている家庭も少なくないのです。

旧約聖書に書かれている天地創造の神であり万能の神とは異なりますが、超自然的な神秘的な神々に対して、畏む人々がいることは間違いないのです。

このように、人間中心ではなく、神によって生かされているという畏む態度が必要であります。

しかし、最近はどうでしょうか。被造物である人間が学んだ浅い知識と、これまでの短い人生経験と五感による判断だけで、「神なんぞいるものか」と勝手に決めつけ、自己中心的生活を送っている人達が多いように思われてなりません。神に背を向けて本能の赴くままに行動し「誰でも良かった」等と手当り次第に他人を殺傷し、親殺し、子殺し、年寄りを手玉にとった「振り込め詐欺」等、聞くに忍びない事件が多発しております。

また、飽くなき人欲追求による自然破壊、例えば地球規模での二酸化炭素大量放出による大気汚染、地球温暖化による海水面上昇などの現われ、更には、飽くなき利潤追求による投機マネーの世界規模での暴走ぶりとその破綻、それに因る世界恐慌、即ち、失業者増大、金融不安、一方では一千百億円以上稼ぐ人もいれば、他方では年収百万円以下の生活を余儀なくされている人々もいる状態です。

国家間でも、自国の利益のみを考えて他国を顧《かえり》みず、とどまることのない核兵器開発、ミサイル開発競争、テロの頻発等、このまま行けば人類はどうなってしまうのでしょう。地球はどうなるのだろうかと案じられてなりません。

このような状況の下で再度霊感を受け、聖書の中でも最も難解とされている「ヨハネの黙示録《もくしろく》」の研究に取組むことになった次第です。

更に改定版では新約聖書、旧約聖書の中にそれとなく暗示されている「死後の世界」について、霊感に導かれるままに書き下しました。

第一部　序論

聖霊《せいれい》・心霊《しんれい》・霊魂について

「霊」なる概念は、旧約聖書にあるヘブライ語のルーアッハ、新約聖書ではギリシャ語のプニューマで、元来は「息をする」と「動く空気」と二つの意味だそうであります。

国語辞典を繙《ひもと》くと「霊」とは、「人間の知識や経験を超えてそこに何かあると感じられるが、実体としてはとらえられない神秘的な現象と不可知性」とあります。霊は目には見えず、形もなく、瞬時に拡散し遍在し、又、時空を超えた存在であり、他の霊と融合する性質があるようです。

霊は目には見えませんが、見えないものには概《がい》してエネルギーのあるものが少なくありません。

例えば、原子を構成する原子核や電子、電子が導体の中を走れば電子の反対方向に電流が流れ、様々な仕事をしますし、原子核は陽子と中性子によって成り立っていますが、この中性子を質量の大きいウランとかプルトニウム等に衝突させれば物凄いエネルギーを放出します。また、ニュートンの発見した万有引力や電波等も目には見えません。

このように、パワーがあっても見えない物が、多数存在しているのであります。霊はその代表であり、特に「聖霊」は、創造主なる神の霊でありまして、見えないけれども時に応じて現実に大きな力を及ぼし、歴史を作ってきた神の働きの源泉であります。この働きは様々な面に現わされておりまして、天地を創造し、人間を生ける者として造り、「出エジプト記」等にありますように人間の歴史の中に色々な出来事を起こさせました。

例えば人類の祖アダムが神に背いて禁断の樹の実を食したことへの処罰、この事により人間の肉体は必ず死ぬべく運命づけられ、額に汗して働かなくては生活することができなくなり、女性には出産の苦しみを課せられたと旧約聖書には書かれてあります。一人の人の行ないにより、全人類が罪を背負って生きなければならない宿命となったのであります。

次に、エジプトに移住したイスラエル人の子孫がB.C.十三世紀に、ファラオ（エジプト王のこと）の圧政下で苦難を強いられているのをご覧になった神が、モーセを召してエジプトより彼等を脱出させました。途中、紅海《こうかい》渡渉という奇跡を起こしてまで成年男子だけでも約六十万人のイスラエル人をシナイ山麓《さんろく》まで導き出したとあります。そこで、神はモーセを通じて助け出したイスラエルの民に「十戒」を授けました。その「十戒」とは、一、神の唯一性、二、偶像礼拝の禁止、三、神の御名の神聖、四、安息日の聖別、五、父母の尊重、六、殺人の禁止、七、姦淫の禁止、八、盗みの禁止、九、偽証の禁止、十、むさぼりの禁止であります（出エジプト記二〇章一～一七節参照）。

このように、父なる神はその聖業をなし、時の最高の権力者に虐《しい》げられている民を憐れに思い、この様な奇跡を起こし彼等を助け出す正義の神であり、愛の神であり、聖霊を通して歴史に働く神なのです。しかし、助け出されたイスラエル人は「十戒」を守らず様々な罪を犯してきました。

それにも拘らず神は最大の愛を示して下さり、その独子《ひとりご》までもこの世に送り込み、人類の罪をその独子に背負わせて十字架にかけ、清い血を流させることにより霊魂の救いの道を開いて下さいましたのであります。

「それ神はその独子を賜ふほどに世を愛し給へり、すべて彼《かれ》を信《しん》ずる者の亡びずして永遠《とこしへ》の生命を得んためなり」（ヨハネ伝三章十六節）とある通りです。

神は聖霊により処女マリアにその独子を受胎させ、これにより人類の祖アダムの犯した原罪を断ち切り、その清い身に人類の凡ての罪を背負わせ、十字架にかけ給《たま》うたのであります。この厳粛な血の贖いに浴《よく》する信仰により一瞬にして霊魂の救いが得られるチャンスが与えられたのであります。これに優《まさ》る大きな愛があるでしょうか。

このように聖霊は大きなパワーを持ち、一定の条件下ではありますが、その時々の状況に応じて歴史を揺り動かして来たのであります。

また、パウロは真のキリスト者の身体について、「汝《なんじ》の身《み》はその内《うち》にある、神《かみ》より受《う》けたる聖靈《せいれい》の宮《みや》にして汝《なんじ》らは己《おのれ》の者《もの》にあらざるを知らぬか」（コリント前書第六章一九節）とありますようにキリスト者は「聖霊が宿り給う宮殿」であると言っております。このようにエイエスの血の贖いに浴した個々人凡てに、キリストの聖霊が宿ってくださるのです。この聖霊がキリスト者の霊魂と融合し、その身は朽ちるともその霊魂は永遠に聖霊と行動を共にするのであります。

「汝《なんじ》らは償《あがない》もて買《か》われたる者《もの》なり、然《さ》らばその身《み》をもて神《かみ》の栄光《えいくわう》を顕《あらは》せ」（コリント前書第六章二〇節）とあるように、キリスト者は、主イエスの十字架上で流された清い血の代償によってその身は買われた者でありますから、聖霊をあずかっているその身をもって、神の栄光を現わすよう努めなさいと言っているのです。いずれにしても「神霊」は今も尚、我々人間に働きかけを行なっています。

「悪霊」は、人間の生活に対して様々な禍をもたらす霊でありまして、人間の霊魂に働きかけて誘惑し、悪い罪を犯させ、神の栄光を傷つけます。そのパワーは「聖霊」に次いで高く分野に人間の霊魂に入り込み、誘惑し、悪の道へと導きます。悪魔の王は、ヘブライ語で「リリス」と呼ばれ、変幻自在でありまして、「創世記」では蛇に姿を変えてエバを誘惑し、禁断の樹の実を食べさせています。

なお今で「悪魔」はサタンを意味し、元々ルシファーという名の大天使（天使長）でありましたが、「天地創造の神の子」の試練に耐えきれず、神の怒りを買って下界に堕とされたと言われております。「堕ちた天使」とも言われて邪悪であり、悪の下国の支配者であります。

小さな「魔物」は、超自然的な力をもつ精や霊のことで種類が多く、森の精とか小人、わが国の鬼や魔、古来では「妖怪」、「邪気」、地域や民族によっては、夢魔、魔女、吸血鬼などがあります。

聖書では以後「悪霊」とは、サタンの霊を意味します

「霊魂」は、広義には人間や動物、さらには植物を生かしているいる原理とされているものの総称であります。一つは「生命霊」と言われ、人や動・植物に生命を与えている原理そのものであり、そのものと切り離しては考えられないものであります。もう一つは「自由霊」と称されるものでありまして、自由に身体を離れる事ができ、「霊魂不滅」とも言われて肉体が亡びた後でも、尚、存在し続ける「霊魂」であります。

人間の霊魂はこの両者を合わせ持っていますが、ここでは、後者の霊魂を指します。この「霊魂」は、目には見えず、重量もなく、時空を超越して存在し、他の「霊」と融合する性質もあるようです。

「エホバ神土の塵を以て人を造《つく》り、生氣《いのちのいき》を其鼻《はな》に嘘入れたまへり人即ち《ひとすなはち》生靈《いけるもの》となりぬ」（創世記第二章七節）とありますように、土の塵で造られた人は、創造神によって命の息を吹き込まれることにより、霊魂を持つ生ける者となったのであります。

人の霊魂は、誘惑され易く、サタンの悪霊のようにパワーの強いものには、容易に征服されます。「創世記」第三章には、サタンの化身である蛇がエバ（アダムの妻）を誘惑し

て、エデンの園の中央にある禁断の樹の実を食べさせられる件《くだり》があります。

天地創造の神は、人類の祖アダムとイブをして神の王国建設に協力させるべく、エデンの東の楽園に置き、自由に伸々と何不自由なく生活できるように計らいました。楽園には神々の美しい樹々や美味な樹の実が沢山ありましたが、「善悪を知の樹」の実だけは、これを食してはならないと厳命したのであります。しかし、二人はサタンの悪霊に誘惑されて、神の唯一の戒めを破り、「善悪を知の樹」の実を食べてしまったのであります。

神によって保護されている楽園の中へさえ、巧みな悪神は留守を見計らい、サタンは容易に忍び込み、エバの弱点に働きかけ禁断の樹の実を食べさせており、夫アダムは妻からすすめられるままに、これを食してしまったのであります。

此のように、人の霊魂は、サタンの悪霊に比べれば体力がなく、従って神の助けにお縋りする以外に対抗する術がないのであります。

ユダヤ教から回心して熱心なキリスト教伝道者となった聖パウロ（一〇頃～六七）でさえ、我はわが中、すなわち我が肉のうちに善の宿らぬを知れり、善《せん》を欲《ほっ》することは我にあれど、之を行ふ事なければなり。我が欲する所の善は之をなさず、反《かへ》って欲せぬ所の悪は之《これ》をなすなり」(ローマ書第七章一八～一九節)と言っております。このように聖人と言われたパウロでさえも、彼一人の霊魂の力だけでは、サタンの悪霊のパワーには立ち向かうことができなかったのであります。

自分達の霊魂への働きかけは、一定の法則下ではありますが、まずは父なる神の聖霊、その子主イエスの聖霊、続いてサタンの悪霊、先祖や関係のあった死者の霊魂等から行なわれ、その時代その瞬間の環境、場所その他の条件にも左右されて、自分の意志通りには物事は捗らず、千差万別の結果を生じさせます。

原罪・先祖からの罪・個々の罪

聖書の中に書かれている罪は、人間社会の秩序維持のために制定された刑法上の罪ではありません。

一定の法則の下ではありますが、天地創造の神よりこの世に送り込まれ、生かされている身でありながら、神を信ぜず、神の愛、神による保護を否定し、神に背を向けた自己中心的な生活態度をとることが罪であります。

「神は像の如くに人を創造たまへり即ち神の像の如くに之《これ》を創造《つくり》し之を男と女に創造《つくり》たまへり神彼等《かみかれら》を祝し神彼等に言たまひけるは生よ繁殖よ地《ち》に満《み》盈よ之を服従せよ又海《またうみ》の魚と天空の鳥と地に動く所の諸の生物を治めよ」（創世記第一章二十八節）とありますように、天地創造の神の姿に似せて人を造り、造られた人を祝福し、特別な権限までも賦与し、理想的な神の王国の建設に協力すべく計画したのであります。

そして、人類の祖アダムとその妻イブをエデンの東の楽園に置き、何の不足もなく自由に何でも生活できるように計らったのです。ただ楽園の中央に生えている「善悪を知る樹」の実だけは、決して取って食してはならないと命じたのであります。

しかし、悪魔の誘惑の力は強く、蛇に化身したサタンの悪霊の誘惑に負けて、二人は禁断の樹の実を食べてしまったとあります。「是に於て彼等《かれら》の目倶に開て彼等其《かれらその》裸体なるを知り乃ち無花果樹の葉を綴て裳を作れり」（創世記第三章七節）とありますように、人は神のように善悪の判断ができるようになり、その判断により誰よりも厳しく問われる立場となったのであります。「女に言たまひけるは我大《われおおい》に汝の懐妊の劬労を増《ま》すべし汝は苦みて子を生まん」（創世記第三章一六節前半）とあるように妻エバには出産の苦痛が与えられたのです。

更には、「汝は面に汗して食物を食ひ終《つひ》に土に歸らん其は其中より汝《なんぢ》は取れたればなり汝は塵なれば塵に歸るべきなりと」（創世記第三章一九節）とありますように、人は汗を流して働かなくては生活できなくなり、この世に生まれたからには必ず死ぬべく運命づけられたのであります。そして、二人共エデンの東の楽園から追放されたのです。

これが「原罪」と呼ばれるものでありまして、人類の祖アダムが神の定めた唯一の掟を破ったがために、全人類が背負わなければならない罪が生じたのであります。

「先祖からの罪」、これは「原罪」以外のご先祖から受け継いできたものであり、古くは出エジプトに際し選民とされたイスラエル人が、モーセを通じて神と結んだ契約「十戒《じゅっかい》」までも次々に破ってきた罪があり、その後も人類は神に背を向け、神を忘れ自己中心的に数々の罪を犯してきました。これらご先祖の罪を良くも悪くも、私達はそれを受け継いでいるのです。

「個々の罪」は、その言葉通り私達一人一人が、生涯のうちに犯すもろもろの罪であります。アダムが禁を破って「善悪を知る樹」の実を食べて以来、元来は神の領分であった善悪の判断を人間もすることができるようになり、悪と知りつつこれを行なうことを決断したり、これを実行するようになりました。善悪の判断ができるにも拘わらず神によって生かされていることをすっかり忘れ、肉欲とサタンの誘惑に屈することが罪なのであります。この二重の罪のもとで、人間は欲望を剥き出しにしてもがき苦しんでおり、サタンの悪魔の支配下で、罪の牢獄に閉じこめられているのであります。

聖書に「義人《ぎじん》なし、一人《ひとり》だになし、聡《さと》き者《もの》なく、神を求《もと》むる者《もの》なし」（ローマ人への手紙三章一〇〜一二節）とある通りです。

人間の霊魂の救い

「神を知りつつも尚これを神として崇めず、感謝《かんしゃ》せず、その念は虚しく、その愚《おろか》なる心《こゝろ》は暗くなれり。自ら智しと稱へて愚かとなり、朽つることなき神の榮光《えいくわう》を易《か》へて朽《く》つべき人および禽獣、匍ふ物に似《に》たる像となす」（ロマ書第一章二一～二三節）とありますように、天地創造の神に生かされていることを信ぜず、信じたとしてもこれを崇拝せず、感謝もしないで、自己本位に振舞っている人間は、どうしようもない愚者であります。

このように、人間の霊魂が救われるための第一の条件は、神を信じることです。即ち、己が神によってこの世に送り込まれ、生かされていることを認めて感謝し、神に背を向けた自己本位な考え方を改め、天地創造神を心底より信仰することであります。「悔い改め」とはこのことを指すのでありまして、「罪から離れ、罪と手を切らないと救われない」と言っているのではありません。

救われるための第二の条件は、主イエスの清い血の贖いに浴することです。即ち、キリストを救い主と信じて受け入れることより。

又その神は、人間が重い罪の下で而も自己本位な生活をしているのをご覧になって、義とされました。

「然るに今や律法の外に神の義は顕れたり。これ律法と預言者《よげんしゃ》に由りて證せられ、イエス・キリストを信ずるに由りて凡て信ずる者に與へたまふ神《かみ》の義《ぎ》なり、之には何等の差別《さべつ》あるなし。凡ての人、罪を犯したれば神の栄光を受くるに足《た》らず、功なくして神の恩恵《めぐみ》に由り、キリスト・イエスにある贖罪によりて義とせらるるなり」（ロマ書第三章二一〜二四節）とある通りです。

神は「罪の奴隷市場」の中でもがき苦しんでいる人間共を解放しようと、聖霊によりその独子を処女マリヤに受胎させました。代価を払って奴隷を自由放免できるのは、自由人でなければなりませんが、その資格を持った唯一のお方こそキリストイエスでありました。聖霊による処女降誕により、アダムの原罪や我々先祖の犯した罪が断ち切られ、イエスもその生涯に罪を犯さなかったからであります。

この清い御方が、人類の凡ての罪をその一身に背負い、神の命令に従って十字架上、自ら進んで十字架にかかり、清い血を流して下さったのであります。そして息絶える時『事畢《ことをは》りぬ』（ヨハネ伝第十九章三〇節中頃）と言われたのであります。全人類を罪の奴隷市場から解放すべく、我が身をもってその代価を「完済した」と叫ばれたのであります。

しかし、代価が支払われたと言っても、本人が奴隷市場から出ようとする気持がなければ、つながれたままの状態であります。

キリストが十字架上で流された、清い血の贖いに浴したいというアクティブな願いが必要なのです。即ち、父なる神を信じ、その子主イエスを救い主として受け入れた瞬間、人の霊魂は救われるのであります。修行したから救われるものでもなければ、律法を守ったから救われるものでもありません。パウロは言っております。「我らは思《おも》ふ、人《ひと》の義《ぎ》とせらるるは、律法の行為によらず、信仰に由《よ》るなり」（ロマ書第三章二八節）と。

祈りの大切さ

祈りは霊を媒介として、神と人間とを結びつける対話であります。この対話は人間に対

する神の一方的な憐れみによって成立しており、本来、人の側から神への呼びかけであり
ました。「なやみの日に我をよべ、我なんぢを援けん、而して、なんぢ我をあがむべし」（詩篇
第五〇篇一五節）とある通りです。

神様は人間に祈ることを求められますが、困難なものではなく、神は祈りをお聞き
くださるのであり、叶えてくださる御方であります。「我らが神に向《むか》ひて確信する所は是なり、
即ち御心にかなふ事を求めれば、必ず聴き給ふ」（ヨハネ第一書第五章一四節）とありま
すように、神の御旨に合わせるという条件ではありますが、何でも聞き届けて下さる御方
なのです。

「求めよ、さらば與へられん。尋ねよ、さらば見出さん。門を叩《たた》け、さらば開かれん。す
べて求むる者は得《え》、たづぬる者は見いだし、門をたたく者は開《ひら》かるるなり。汝らのうち、
誰かその子パンを求めんに石を與へ、魚を求めんに蛇を與へんや。然《さ》らば、汝ら悪しき者《もの》
ながら、善き賜物《たまもの》をその子らに與ふるを知る。まして天にいます汝《なんじ》らの父は、求むる者に善《よ》
き物を賜はざらんや」（マタイ伝第七章七〜一一節）とある通りです。

このように神は人間の願いをお聞き届け下さる御方ではありますが、日頃、神に背を向

けた生活をしていながら、急に自己中心的なお願いをしたとしても、その願いをお聞き届け下さることは少ないのではないでしょうか。

神助が得られる条件とは、第一にその人の霊魂の浄化度合、第二は神に対する祈りの真剣さの積の大小さ、この積の値が大きければ大きい程、神助が得られる可能性が高くなるのであります。


父なる神は、人が祈る前からその人の必要な物をご存知です。従って、さも現在お祈りを捧げていますと言わんばかりに、目立つ所で祈るものではありません。また、言葉が多く、徒に反復して祈るものでもありません。

「なんぢら祈るとき、偽善者の如くあらざれ。彼《かれ》らは人に顕さんとて、會堂《くわいだう》や大路《おほち》の角《かど》に立ちて祈ることを好む。誠に汝《なんぢ》らに告《つ》ぐ、かれらは既にその報を得《え》たり。なんぢは祈《いの》るとき、己が部屋にいり、戸《と》を閉だて、隠《かく》れたるに在す汝の父に祈《いの》れ、さらば隠《かく》れたるに見給ふなんぢの父は報い給はん。また祈《いの》るとき、異邦人のごとく徒らに言《ことば》を反復《くりかへ》すな。彼らは言多きによりて聴かれんと思《おも》ふなり。さらば彼らに效ふな、汝らの父は求《もと》めぬ前《さき》に、な汝等の必要なる物を知りたまふ」（マタイ伝第六章八節）とある通りであります。

この様に、人間は祈りによって神に近づき、祈りによって神の偉大さを知り、祈りによって被造物たる己を知ることができるのであります。

模範的な祈りの一例として「主の祈り」が、「マタイ伝」第六章九〜十三節及び「ルカ伝」十一章二〜四節に記載されていますが、「マタイ伝」の方が長く、現在の主の祈りに近い形となっています。

なお「国と力と栄えとは限りなく汝のものなればなり」という結びの頌栄は、「マタイ伝」にも「ルカ伝」にも記載されておらず、「歴代志略上」第二九章一一節前半に「ヱホバよ権威と能力と栄光と勝利と威光とは汝に属す」とあり、『詩篇』一四五篇一〇〜一三節に類似した表現があって、二世紀頃にこのような頌栄が「主の祈り」に付加されたと推測されています。

「マタイ伝」に記されている「主の祈り」は次の通りです。

天にいます我らの父よ、願くは、御名の崇められんことを。御國《みくに》の來らんことを。御意の天のごとく、地にも行はれん事を。我らの日用の糧を今日もあたへ給へ。我らに負債ある者《おの》を我《われ》らの免《ゆる》したる如《ごと》く、我《われ》らの負債《おいめ》をも免《ゆる》し給《たま》へ。我《われ》らを嘗試《こころみ》に遇《あわ》せず、悪《あく》より救《すく》ひ出《いだ》したまへ」（第六章九節後半～一三節）。

第二部　本論

天地創造の神は、罪の世界の奴隷から人類を解放しようと、その独り子をこの世に送り込み、その清い体に人類の凡ての罪を背負わせて十字架にかけるという代価を払って迄、神の救の恵みを示して下さいました。

代価が支払されているからと言っても、凡ての人が罪の奴隷市場から解放されるのではありません。神の救の恵みを素直に、血の贖いをアクティブに受け入れて初めて解放されるのです。即ち、父なる神を信じ、主イエスの清い血の贖いを能動的に信じ、受け入れた人のみ救われるのです。

しかし、現世はどうなのでしょうか。折角、父なる神の愛、神の救の恵みが示され乍らも、神を信ぜず、信じたとしても神に背を向け、自己本位で飽くなき快楽の追求に走り、すっかりサタンの誘惑的な虜になっている人達が多いようにみえてなりません。

西暦九五年頃書かれたと言われるヨハネの黙示録は、著者が当時の状況を伴って、近づきつつある神の世界の終わりと、来るべき輝かしい神の王国の到来を霊感を受けて幻想的・象徴的に書き記していますので、大変難解なものとなっています。

当時、著者が目の当たりにしたのは、小アジアの諸教会に対し、ローマ帝国による厳しいキリスト者弾圧が続いていることでした。それは神よりこの世に送られた救世主イエスと、地上の権力者ローマ皇帝とは共に並び立たず、政治的理由からキリスト信仰の代わりに皇帝礼拝を強要しようとするためでした。

「ヨハネの黙示録」はこのような時代背景のもとで、苦難に満ちたキリスト教徒に対し、慰めと希望を与えようと、黙示文学《もくしぶんがく》という形式を用いて、天からの霊感に基づく幻影を、諸教会に伝えようとしたものだと思われます。

この著者のヨハネは、福音書にあるヨハネ伝を執筆したとされるエフェソ教会の中心的存在であった長老ヨハネやヨハネの手紙の著者ではないと言われています。と言いますのも、これらの著書を比較しますと、宗教思想は似ていますが、その他多くの点での相違が大きいのです。この書をパトモス島で小アジアにある七つの教会宛に書いていることから、これらの教会と相当密接な関係にあった、ユダヤ人キリスト者の一人である、予言者ヨハネなる人物であろうと一般に推察されております。

それでは、霊感に導かれて「ヨハネの黙示録」の逐条解釈を始めます。

神のキリストを通しての黙示

「これイエス・キリストの黙示《もくし》なり。即《すなわ》ち、かならず速《すみや》かに起《おこ》るべき事を、その僕《しもべ》どもに顕《あらわ》させんとて、神の彼《かれ》に与《あた》へしものなるを、彼《かれ》その使《つかい》を僕《しもべ》ヨハネに遣《つかわ》して示《しめ》し給《たま》ひしなり。ヨハネは神の言《ことば》とイエス・キリストの証《あかし》とに就《つ》きて、その見《み》しところを悉《ことご》とく証《あかし》せり。此の預言《よげん》の言《ことば》を読《よ》む者と之《これ》を聴《き》きて其《そ》の中に録《しる》されたることを守る者等《ものども》とは幸福《さいわい》なり、時近《ちか》ければなり」（第一章一～三節）

※この啓示が書かれたのは、ローマ皇帝ドミティアヌス帝（五一～九六）の治世の終り頃だと言われております。帝は自分を「主にして神」と呼ばせた程、専政的傾向が強く、キリスト教徒を迫害し、神の恐怖政治を行ないました。

このような状況下で、キリストの再臨が近いことを殊更強調することにより、信徒に慰めと勇気を与えようと、ヨハネが霊感を受けて予言したものと思われます。

【解説】

この著書は、イエス・キリストの黙示を書き記したものです。

近いうちに必ず起こるであろうことを信徒達に表明するために、父なる神がキリストにお示しになったものを、キリストが天使を遣わし、神の僕・ヨハネの霊魂に働きかけて示して下さったものなのです。

ヨハネは神の御言葉とイエス・キリストが行った数々の奇しき御業について、即ち、ヨハネが見た凡てのことを悉く、証人として書き記しました。

ここに書かれている予言の言葉を読まれる方々や、これらの言葉を聞いて心に留める人達は幸いです。キリストの再臨と終末の時が近づいているからであります。

七つの教会へのヨハネの挨拶

「ヨハネ書《ふみ》をアジヤに在る七つの教會に贈《おく》る。願《ねがは》くは今在し、昔在《むかしいま》し、後來《のちきた》りたまふ者《もの》および其の御座の前にある七つの靈《れい》、また忠實なる證人、死人の中《うち》より最先《いやさき》に生《うま》れ給《たま》ひしもの、地の諸王の君なるイエス・キリストより賜う恩恵と平安《いあん》と汝《な》らに在らんことを。願くは我らを愛し、その血をもて我らを罪より解放ち、われらを其の父なる神のために国民となし祭司となし給へる者に、世々限りなく栄光と権力とあらんことを、アアメン。視よ、彼は雲の中《なか》にありて来りたまふ、諸衆の目、殊に彼を刺《さ》したる者これを見ん、かつ地上の諸族みな彼《かれ》の故に歎かん。然り、アアメン」（黙示録一章四〜七節）

【解説】

ヨハネから、アジアにある七つの教会へ手紙を送ります。

現在、聖霊を通して天上から常に見守って下さり、且つ、地上におられ、将来必ず再臨される御方より、その御前に立っておられる七つの聖霊から、また、父なる神の忠実な証人、即ち、死者の中から最初に甦られた御方であり、地上の王達に君臨するイエス・キリストから、恵みと平安があなた方にありますように。

私達を愛して下さって、人類の罪を一身に背負い、清い血を流すという代価までを支払って我等を罪の奴隷から解放して下さり、また、私達を神の王国に導き入れ、父なる神に仕ゑる祭司となって下さったイエス・キリストに、世々限りなく栄光と力がありますように、アーメン。

ご覧なさい。彼が雲に乗って地上に来られる。群集の目、特に、彼を十字架へと導き処刑した者達が彼を凝視する。そして、地上の権力者を始めとする諸族はみな、彼の故に嘆いております。正にその通りです。アーメン。

キリストのヨハネ　の命令

「今いまし、昔いまし、後きたり給ふ主《しゅ》なる全能の神いひ給ふ『我はアルパなり、オメガなり』」

汝らの兄弟にして汝らと共にイエスの艱難《なやみ》と國と忍耐とに與る我《われ》ヨハネ、神《かみ》の言《ことば》とイエスの證との爲にパトモスという島《しま》に在りき。われ主日に御霊に感《かん》じゐたるに、我《わ》が後にラッパのごとき大なる聲《こゑ》を聞けり。曰く「なんぢの見る所のことを書《ふみ》に錄《しる》して、エペソ、スミルナ、ペルガモ、テアテラ、サルデス、ヒラデルヒヤ、ラオデキヤに在《あ》る七《なゝ》つの教會に送れ』われ振反りて我に語る聲を見んとし、振反り見《み》れば七つの金の燈臺あり。また燈臺の間に人の子のごとき者ありて、足まで垂るる衣《ころも》を著《き》、胸に金の帶を束ね、その頭と頭髮とは白き毛のごとく雪のごとく白く、その目は焔《ほのお》のごとく、その足は爐にて燒きたる輝ける眞鍮のごとく、その聲は衆の水の聲のごとし。その右の手に七つの星《ほし》を持ち、その口より兩刃の利き劍いで、その顏は烈しく照る日《ひ》のごとし。我これを見しとき、その足下に倒れて死にたる者の如くなれり。彼その右の手《て》を我《われ》に按きて言ひ給ふ『懼《おそ》るな、我は最先なり、最後なり、活ける者なり、われ曾て死にたりしが、視よ、世々限《かぎ》りなく生く。また死《し》と陰府との鍵を有てり。されば汝が見しことと、今ある事と、後に成《な》らんとする事とを錄せ。即ち汝が見《み》しところの我が右の手《て》にある七つの星と七つの金《きん》の燈臺との奧義なり。七つの星は七つの教會《けうくわい》の使にして、七つの燈臺は七つの教會なり』（第一章一〇～二〇）

【解釈】

大地創造の昔から今も尚、聖霊として存在し、将来必ず現われるであろう全能の神が言われます。「私はアルファであり、オメガである」と。（※ギリシャ語アルファベットの第一文字がアルファであり、最後の文字がオメガである。永遠の実在性を指し、神ご自身を現わす言葉として用いられており、また、キリストを象徴する名としても用いられる）あなた方の兄弟であり、あなた方と一緒に主イエスにある苦難と御国と忍耐とを共にしている私ことヨハネが、神の御言葉とイエスの証しのために、パトモスという島におりました。

私は主の日（※キリストの復活された日で、現在の日曜日を指していると言われている）に主イエスによる霊感を受け、背後にラッパの音に似た大きな声を聞きました。その声は言いました。

「これからあなたが見ることを書き記して、七つの教会、即ち、エペソ、スミルナ、ペルガモ、テアテラ、サルデス、ヒラデルヒヤ、ラオデキヤにある諸教会に送りなさい」

どなたが私に話し掛けておられるのだろうと振返りますと、七つの金の燭台が見えました。その燭台の真中あたりに「人の子」、メシアである主イエスを指す、のような方が立っておられるのが見受けられました。

その御方は足までとどく衣をまとい、胸には金の帯を締め、その頭と髪の毛は白い羊毛のように雪のごとく白く、その目は燃え盛る炎のようでありました。その足は炉で精錬されて光り輝いている真鍮のようであり、その声は多くの大水が落ちる音のようでした。右手には七つの星を持ち、その口からは鋭く研がれた両刃の剣が出ており、その顔は烈しく照り輝く太陽のようでありました。

私はこの御方を見た時、その方の足下に倒れて死人のようになりました。その御方は差し伸ばされた右手を私の上に置いて言われました。

「恐れるな。私は最初であり、最後であり、今も生きている者である。私はかつて一度死んだが、見なさい、復活し、世々限りなく生きている。また、死と陰府（死者の魂が行く所）の鍵を持っている。だから、あなたが見たもの、今あること、後に起こるであろうことを書き記しなさい。即ち、あなたが目にした私の右手が持っていた七つの星と七つの金の燭台の秘められた意味である。七つの星は七つの教会に派遣された御使いであり、七つの燭台は七つの教会である」

エペソにある教会への手紙

「エペソに在る教會の使に書《か》きおくれ。

『右の手に七《なな》つの星を持つ者、七つの金《きん》の燈臺《とうだい》の間に歩むもの斯く言《い》ふ。われ汝《なんぢ》の行爲《おこなひ》と勞と忍耐とを知る。また汝が惡しき者《もの》を忍び得《え》ざることと、自ら使徒《しと》と稱《とな》へて使徒《しと》にあらぬ者どもを試みて、その虚僞《いつはり》なるを見《み》あらはししことを知る。なんぢは忍耐《にんたい》を保《たも》ち、我が名のために忍びて倦まざりき。然れど我《われ》なんぢに責むべき所あり、なんぢは初《はじめ》の愛《あい》を離れたり。然れば、なんぢ何處《いづこ》より墮《お》ちしかを思へ、悔改めて初《はじめ》の行爲《おこなひ》をなせ、然《しか》らずして若し悔改めずば、我なんぢに到り、汝の燈臺をその處より取除《とりのぞ》かん。然《さ》れど汝《なんぢ》に取るべき所あり。汝はニコライ宗の行爲を憎む、我も之を憎むなり。耳《みゝ》のある者《もの》は御靈の諸教會に言ひ給ふことを聽《き》くべし、勝を得る者には、われ神《かみ》のパラダイスに在《あ》る生命の樹の實を食ふことを許《ゆる》さん』」（第二章一～七節）

【解説】

「エフェソにある教会にいる御使いに、次のことを書き送りなさい。

『右手に七つの星を持ち、七つの金の燭台の間を歩く者が言います。私はあなたの行いと苦労と忍耐を良く知っています。また、あなたが悪い者達を見ると我慢することができない性質で、使徒を自称しているけれど実際はそうでない者共を試して、その虚偽を見抜いたことも知っているはずだ。あなたは良く耐え忍んで、私の名のために我慢することを厭いませんでした。しかし、私はあなたには非難されるべきところがあると思います。それはあなたが、初めの愛から離れてしまったことです。

あなたはどこから落ちたのかを良く思い出し、悔い改めて初めの行ないを行なうべきです。もし悔い改めなければ、私はあなたのもとへ出向き、あなたの燭台（※教会）を、置かれた場所から取り除いてしまうでしょう。

しかしあなたには、取り柄というべきものがあります。それはあなたが、ニコライ派（※すでに述べたように教会内部に入り込んできた異端の一派で、バラム《民数記略第二二章一六節》の教えに従い、教会の信徒達を誘惑して偶像への献げ物を食べさせたり、不品行へと導いた）の人達の行為を憎んでいることです。私もまた、それを憎んでいます。耳ある者は、聖霊が諸教会に言われることを良く聞きなさい。聖霊のお導きに従い勝利する者には、私はエデンの東の楽園にある「生命の樹」の実を食べさせてあげましょう』」

スミルナにある教会への手紙

「スミルナに在る教會の使に書きおくれ。

『最先にして最後なる者、死人となりて復生《またい》きし者、かく言ふ、われ汝《なんぢ》の艱難《なやみ》と貧窮《まづしき》とを知る――されど汝は富める者なり。我《われ》はまた自らユダヤ人と稱へてユダヤ人《びと》にあらず、サタンの會に屬く者より汝が譏《そしり》を受くるを知る。なんぢ受けんとする苦難を懼《おそ》るな。視《み》よ、悪魔なんぢらを試みんとて、汝《なんぢ》らの中《うち》の或者《あるもの》を獄に入れんとす。汝ら十日のあひだ患難《なやみ》を受けん。なんぢ死に至《いた》るまで忠實《ちゆうじつ》なれ、然《さ》らば我なんぢに生命の冠冕を與へん。耳《みゝ》ある者は御靈の諸教會に言《い》ひ給《たま》ふことを聽《き》くべ

し。勝《かち》を得るものは第二の死に害《そこな》はるることなし」（第二章八～十一節）

【解釈】

「スミルナにある教会の御使いに次のことを書き送りなさい。

『最初かつ最後である』の方で、既に死んで、また生き返った者がこう言っております。

私は、あなたの苦難と貧困を知っています――しかし、あなたは実際は、富める者なのです――。私はまた、ユダヤ人だと自称してはいるが、実際はサタンの会（※ニコライ派のこと）に属している者共から、あなたが誹られていることも知っています。あなたが受けようとしている艱難《かんなん》を恐れてはなりません。

ご覧なさい。悪魔があなたがたを試そうと、あなたがたの中の誰かを、牢に投げ入れようと思っています。あなたは十日間の苦しみを受けるでしょう。しかしあなたは死に至るまで神に忠実であらねばなりません。そうすれば、私はあなたに「永遠の命」の冠を与えましょう。

耳のある者は、聖霊が諸教会に言われることを良く聞きなさい。聖霊の言葉に従い勝利を得る者は、決して第二の死（※人間の肉体が亡びた後もその霊魂は存在するが、最後の審判の日に裁かれて、罪のため死を宣告された時、その霊魂が永遠の死に陥ること）に陥ることはありません』

ペルガモにある教会へ手紙

「ペルガモに在る教會の使に書きおくれ。『兩刃の利き劍を持つ』もの斯《か》く言《い》ふ。われ汝の住むところを知る、彼處《かしこ》にはサタンの座位あり、汝わが名を保ち、わが忠實《ちゅうじつ》なる證人アンテパスが、汝等《なんぢら》のうち即《すなは》ちサタンの住む所にて殺されし時も、なほ我を信《しん》ずる信仰を棄てざりき。然《さ》れど我《われ》なんぢに責《せ》むべき一二の事あり、汝の中にバラムの教《をしえ》を保つ者どもあり、バラムはバラクに教《をし》へ、彼《かれ》をしてイスラエルの子孫の前に躓《まづき》物を置《お》かしめ、偶像に獻げし物を食はせ、かつ淫行《いんこう》をなさしめたり、斯のごとく汝らの中《うち》にもニコライ宗の教を保つ者あり。されば悔改《くいあらた》めよ、然らずば我すみやかに汝に到《いた》り、我が口《くち》の劍《つるぎ》にて彼らと戰はん。耳《みみ》ある者《もの》は御霊《みたま》の諸教会に言ひ給ふことを聴くべし、勝を得る者には隠れたるマナを与へん。また受《う》くる者の外、たれも知らざる新しき名を録したる白き石を与《あた》へん』（二章十七節）

【解釈】

「ペルガモにある教会の御使いに、次のことを書き送りなさい。

『鋭く研がれた両刃の剣を持った者がこう言っておられる。私はあなたが住んでいる地方のことを知っています。そこにはサタンの座する場所があります。あなたは私を固く信じ、私の名を辱めるようなことをしてはなりません。私の忠実な証人であったアンテパスが、サタンの住んでいるあなたがたのところで殺された時も、あなたは決して私への信仰を捨てませんでした。

しかし、あなたには非難に値すべきことが僅かばかりあります。あなたの教会の中に、バラム：メソポタミアの占い師で、ユーフラテス河のほとりの町ペトルの住民であった。モアブの王であったバラクが、彼に多額の報酬を支払い、イスラエルを呪わせようとした）の教えを奉じている者達がいるからであります。

バラムはバラク（※ツィポルの子で、モアブの王（民数記略第二十二章参照））に教えて、イスラエル人達の前に躓きの石を置かせました。即ち、偶像に捧げた供物を食べさせたり、淫行をさせたりしたのであります。

このように、あなたの教会の中にもニコライ派の教えを奉じている人達がいます。ですから、悔い改めて彼等と戦いなさい。そうしなければ、私は今すぐにでもあなたのところへ行き、私の口の剣で彼等と戦うでありましょう。

耳ある者は、聖霊が諸教会に言われることを良く聞きなさい。聖霊のお導きに従って勝利した者には、隠れたマナ（※モーセに導かれエジプトを脱出したイスラエル人達が、荒れ野を放浪中、奇跡的に与えられた食物。これによって四十年程の流浪の旅を続けることができたとされる（出エジプト記第十六章十五節参照））を与えましょう。また、その者に白い石を与えよう。その石には、それを受け取る者のほかは誰も知らない、新しい名が書き印されているでしょう』」

テアテラにある教會への手紙

「テアテラに在《あ》る教會の使に書《か》きおくれ。『目は焔のごとく、足は輝ける眞鍮の如くなる神の子、かく言《い》ふ、われ汝の行爲《おこなひ》および汝の愛と信仰と職と忍耐とを知る。又なんぢの初の行爲《おこなひ》よりは後の行爲の多きことを知る。

されど汝に責むべき所あり、汝はかの自ら預言者と稱《とな》へて我が僕を教へ惑《まどは》し、淫行をなさしめ、偶像に獻げし物を食はしむる女イゼベルを容《い》れおけり。我かれに悔改《くいあらた》むる機を與ふれど、その淫行を悔改むることを欲せず。視よ、我《われ》かれを床に投げ入れん。又かれと共に姦淫を行ふ者も、その行爲を悔改めずば、大なる患難《なやみ》に投げ入れん。又《また》かれの子供を打ち殺さん。斯てもろもろの教會は、わが人の腎と心《こころ》とを究むる者なるを知《し》るべし。我は汝等おのおのの行爲に隨ひて報いん。我この他のテアテラの人にして未《いま》だかの教を受けず、所謂サタンの深きところを知らぬ汝《なんぢ》らに斯《か》くいふ、我ほかの重荷を汝らに負はせじ。ただ汝等はその有つところを我が到らん時まで保《たも》て。勝を得て終に至《いた》るまで我が命ぜしことを守る者には、諸國の民《たみ》を治むる權威を與へん。彼《かれ》は鐵《てつ》の杖《つえ》をもて之《これ》を治め、土の器を碎くが如くならん、我が父《ちち》より我が受けたる權威のごとし。我《われ》また彼《かれ》に曙の明星を與へん。耳ある者は御靈の諸教會に言ひ給ふことを聴くべし』」（第二章一八～二九節）

【解釈】

「テアテラにある教会の御使いに、次のことを書き送りなさい。

『燃え盛る炎のような目を持ち、光り輝く真鍮のような足をした神の子が言います。私はあなたの行ないと、あなたの愛と信仰と勤めと忍耐とを良く知っており、また、あなたの最近の行ないが初めの頃の行ないに勝っていることも承知しています。

しかし、私はあなたには責められるべきところがあると思います。それは、あなたがイゼベルという自称女予言師の放埒《ほうらつ》を容認していることです。彼女は私の僕達を誘惑して誤りへと導き、淫行をさせたり、偶像にお供えした捧げ物を食べさせたりしています。

私は彼女に悔い改めの機会を与えましたが、その不品行を悔い改めようとはしません。

ご覧なさい。私はこの女を病の床に投げ込みましょう。また、彼女と姦淫した者は、この女との行ないを悔い改めて中止しなければ、大きな苦難を受けることになるでしょう。また、彼女の子供達は死なせます。このようにして諸教会は、私が人の腹の中とその思いを探る者であることが分かるようになるでしょう。また、私はあなた方一人一人の行ないに応じて、良くも悪くも報いを与えることになるでしょう。

私はテアテラの教会の中で、イゼベルの教えを受け入れておらず、彼女の言う、いわゆるサタンの深いところまでは知らないあなた方に言います。私はあなた方に、これ以上ほかの重荷を負わせるようなことは決してしません。ただ、あなた方が所持しているものを、私が再臨する時まで、しっかりと保っていなさい。聖霊に導かれて勝利を得、最後の審判の日に至るまで私が命じたことを守る者には、諸国民を統治する権威を与えましょう。

彼は鉄の杖を持って、土の器を打ち砕くかのように、諸国民を治めるでしょう。ちょうど、私が父なる神から権威を与えられているのと同じです。また、私は彼に、明けの明星（※

金星（キリストの権威）を与えましょう。

耳ある者は、聖霊が霊感により、諸教会に言われることを良く聞きなさい』」

サルデスにある教会への手紙

「サルデスにある教會の使に書きおくれ。

『神の七つの靈と七つの星を持《も》つ者《もの》かく言《い》ふ、われ汝の行爲を知る。汝《なんぢ》は生《い》くる名《な》あれど死にたる者なり。なんぢ目を覺《さま》し、殆《ほと》んど死なんとする殘のものを堅《かた》うもせよ、我《われ》なんぢの行爲の我が神の前に全からぬを見《み》とめたり。

然れば汝の如何に受けしか、如何《いか》に聽《き》きしかを思ひいで、之を守りて悔改《くいあらた》めよ、もし目を覺さずば盜人のごとく我きたらん。汝《なんぢ》わが何れの時きたるかを知らざるべし。然《さ》れどサルデスにて衣を汚さぬもの數名《すうめい》あり、彼らは白き衣を著て我とともに歩《あゆ》まん。斯《か》くするに相應しき者なればなり。勝を得る者《もの》は斯のごとく白き衣を著せられん。我《われ》その名《な》を生命の書より消し落さず、我が父のまへと御使の前にてその名を言ひあらはさん。耳《みゝ》あ

る者は御霊の諸教会に言う言葉を聴くべし』（第三章一～六節）

【解釈】

「サルデスにある教会の御使いに、次のことを書き送りなさい。

『神の七つの霊と、七つの星を持っている方が、こう言っています。私はあなたの行ないを良く承知しています。あなたは生きているとされていますが、実際には死んでいるのも同然です。目を覚ましなさい。そして死に体になりかけている残りのものを再生させなさい。私はあなたの行ないが、父なる神の御前に全うされたとは思っておりません。あなたが神の御旨をどのように受け止め、どのように聞いたかを良く思い出しなさい。それらを堅く守って悔い改めなさい。

もし、目を覚まさなければ、私は盗人のようにいつそっとやって来るでしょう。あなたは、私が何時あなたのところに来るか、決して分からないでしょう。

しかし、ここサルデス（※この地には、女神キベレの神殿があり、土俗的宗教が盛んで、不道徳な性祭が行なわれていた）には、密儀宗教に染まらず、その衣を汚さなかった人達が数名います。彼等は白い衣を着て、私と一緒に歩むでしょう。彼等はそれに値するからであります。

神の聖霊に導かれ勝利する者には、このような白い衣が着せられるでありましょう。私は彼等の名を「いのちの書」から消し去ることは決して致しません。私は父なる神の御前とその御使い達の前で、彼らの名を言い表わします。耳ある者は、聖霊が諸教会に言われることを良く聞きなさい』

ヒラデルヒヤにある教会への手紙

「ヒラデルヒヤにある教會《けうくわい》の使《つかひ》に書《か》きおくれ。

『聖《せい》なるもの眞《まこと》なる者、ダビデの鍵《かぎ》を持《も》ちて、開《ひら》けば閉《と》づる者《もの》なく、閉《と》づれば開《ひら》く者《もの》なき者《もの》かく言《い》ふ、われ汝《なんぢ》の行爲《おこなひ》を知《し》る、視《み》よ、我《われ》なんぢの前《まへ》に開《ひら》けたる門《もん》を置《お》く、これを閉《と》ぢ得《う》る者《もの》なし。汝《なんぢ》すこしの力《ちから》ありて我《わ》が言《ことば》を守り、我《わ》が名《な》を否《いな》まざりき。視《み》よ、我《われ》サタンの會《くわい》、すなはち自《みづか》らユダヤ人《びと》と稱《とな》へてユダヤ人にあらず、ただ虚僞《いつはり》をいふ者《もの》の中《うち》より、或者をして汝の足下に來り拜せしめ、わが汝を愛せしことを知らしめん。汝《なんぢ》わが忍耐の言を守りし故に、我も汝を守りて、地に住む者どもを試《こゝろ》むるために全世界に來《きた》らんとする試錬の時に免れしめん。われ速かに來らん。汝《なんぢ》の有つものを守りて、汝《なんぢ》の冠冕を人に奪はれざれ。勝を得る者を我が神の聖所の柱《はしら》とせん、彼は再び外に出《い》でざるべし、又かれの上に、わが神の名および我が神の都、すなはち天より我が神より降《くだ》る新しきエルサレムの名と、我が新しき名とを書き記さん。耳《みゝ》ある者は御靈の諸教會《くわい》に言ひ給ふことを聽《き》くべし』（第三章七～一三節）

【解説】

「ヒラデルヒヤにある教会の御使いに、以下のことを書き送りなさい。

『聖なる者であり、真実な者でもあり、また、ダビデ　※紀元前一〇〇四～九六五年在位した王で、イスラエルとユダを統一し、首都をエルサレムに置いた　が持っていた鍵を持っており、私が開ければ誰も閉じることができず、私が閉じれば誰も開くことのできない、そのお方が言います私はあなたの行ないを、良く知っています。

ご覧なさい。私は、あなたの前に、誰も閉じることができない門を開いておきました。それは、あなたに少なからずパワーがあって、私が言ったことを良く守り、私の名を否まなかったからであります。

ご覧なさい。サタンの会に属する者たち、即ち、ユダヤ人を自称してはいるが、真実のユダヤ人ではなく、ただ虚栄を張っているだけの者達の中から、私はある者を選んであなたの足下に来させ、ひれ伏させましょう。私があなたを愛していることを知らしめるためであります。

あなたは、私が忍耐について話した言葉を良く守り通しました。それ故、私が地上に住む全世界の者達を試みるために再臨する際、凡ての人達に科せられる試練から、あなたを守るでありましょう。私は速やかに来るでしょう。あなたが矜持としているものを良く守って、あなたの冠を誰にも奪われないようにして下さい。

聖霊のお導きに従って勝利を得る者は、私の父なる神の聖所の柱としましょう。そうなれば、彼はもう外へ出る必要がないでしょう。また、私は彼の上に、父なる神の御名と、私の中の都、即ち私の中なる神から出で、天から降りて来るであろう新しいエルサレム（※聖都）の名と、私の新しい名を再び記しつけました。耳ある者は、聖霊が共感により、諸教会に言われることを良く聞きなさい』」

ラオデキヤにある教会への手紙

「ラオデキヤに在《あ》る教会の使いに書きおくれ。

『アアメンたる者《もの》、忠実なる真なる証人、神の造り給ふものの本源たる者かく言ふ、われ汝の行為を知る、汝は冷かにもあらず熱くもあらず、我は寧ろ汝が冷かならんか熱からんかを願ふ、斯く熱きにもあらず冷かにもあらず、ただ微温きが故に、我《われ》なんぢを我が口より吐き出さん。なんぢ、我は富めり、豊なり、乏《とも》しき所なしと言ひて、己が悩める者・憐むべき者・貧しき者・盲目なる者・裸なる者《もの》たるを知らざれば、我《われ》なんぢに勧む、なんぢ我より火にて煉りたる金を買ひて富め、白《しろ》き衣《ころも》を買ひて身に纏ひ、なんぢの裸体の恥を露さざれ、目薬を買ひて汝の目に塗り、見《み》ることを得よ。凡てわが愛する者は、我これを戒め、之《これ》を懲《こら》す。この故に、なんぢ勵みて悔改めよ。視《み》よ、われ戸の外に立ちて叩く、人もし我が聲を聞いて戸を開かば、我その内に入りて彼《かれ》とともに食《しょく》し、彼もまた我とともに食せん。勝《かち》を得る者《もの》には我《われ》とともに我が座位に坐することを許《ゆる》さん。我の勝を得しとき我が父《ちち》とともにその御座に坐したるが如し。耳ある者《もの》は御霊《みたま》の諸教會に言ひ給ふことを聴くべし』」（第三章一四〜二二節）

【解釈】

「ラオデキヤにある教会の御使いに、次のことを書き送りなさい。

『アーメン（※語源はヘブライ語で《誠に》とか《確かに》等を意味し、主イエスもよくアーメンで説教を語り始めたようで、ここではキリスト本人を指す。主イエスの十字架上での血の贖いによって、父なる神の救いの約束が《確かに》成就したことを意味する〉たる者、また、忠実で真実な証人、神によって造られたものの本源である者が言います。

私は、あなたの行ないを良く存じています。あなたの心は、冷たくもなく、燃えるような情熱もない。私はむしろ、あなたが冷たいのか、熱いのかであって欲しい。このように、あなたが熱くもなく、冷たくもなく、ただ生温かいだけなので、私はあなたを吐き出すでしょう。

あなたは、自分は富んでおり、豊かであり、欠けているものは何もないと言っておりますが、実は自分が困窮した者で、哀れで貧しく盲目で、裸なる者であることを知りません。

そこで、私はあなたに勧告します。あなたは私から火で良く精錬されている黄金を買って、豊かになりなさい。そして、あなたの裸の恥を曝さないように、白い衣を買って身にまといなさい。また、目が良く見えるように、目薬を買って目に塗りなさい。

　同じように、私は私が愛する者ならば誰であっても、戒めたり、懲らしめたりします。だから、あなたは心を熱くして、悔い改めなさい。

「見なさい。私は戸の外に立って叩いています。誰であっても、私の声を聞いて戸を開くのなら、私は家の中に入って、彼と共に食事をし、彼もまた私と一緒に食事をすることになるでしょう。

聖霊に導かれて勝利する者には、私と共に我が座に同席することを許しましょう。それは私が、父なる神の命に則りての勤めを果たし、神の御座に列するのと同じであります。

耳ある者は聖霊が諸教会に言われていることを良く聞きなさい』」

天上での光景

「この後《のち》われ見しに、視よ、天に開けたる門《もん》あり。初に我に語るを聞《き》きしラッパのごとき聲いふ『ここに登れ、我この後おこるべき事を汝に示さん』直ちに、われ御霊《みたま》に感《かん》ぜしが、視よ、天に御座設けあり。その御座《みくら》に坐したまふ者あり、その座《ざ》し給《たま》ふものの状《さま》は碧玉・赤瑪瑙のごとく、かつ御座の周囲には緑玉のごとき虹ありき。また御座《みくら》のまはりに二十四の座位ありて、二十四人の長老《ちやうらう》、白き衣を纏ひ、首に金《きん》の冠冕《かんむり》を戴《いたゞ》きて、その座位に坐せり。御座より数多《あまた》の電光と聲と雷霆と出づ。

また御座の前に燃えたる七つの燈火あり、これ神の七つの霊なり。御座《みくら》のまへに水晶《すいしやう》に似たる玻璃の海あり。御座の中央《ちゆうあう》と御座《みくら》の周囲とに四つの活物ありて、前《まへ》も後《うしろ》も数々《かずかず》の目にて満ちたり。第一の活物は獅子《し》のごとく、第二の活物は牛のごとく、第三《だいさん》の活物《いきもの》は面《かほ》のかたち人のごとく、第四の活物《いきもの》は飛ぶ鷲《わし》のごとし。この四つの活物《いきもの》おのおの六《む》つの翼《つばさ》あり、裏《うら》の内も外《そと》も数々の目にて満《み》ちたり、日も夜も絶間《たえま》なく言《い》ふ『聖《せい》なるかな、聖なるかな、聖なるかな、昔在し、今在し、後来りたまふ主なる全能《ぜんのう》の神《かみ》』この生物ら御座に坐《ざ》し、世々限りなく活きたまふ者に栄光と尊崇と感謝《かんしや》する時、二十四人の長老《ちやうらう》、御座に坐したまふ者のまへに伏し、世々限りなく活きたまふ者《もの》を拝し、おのれの冠冕《かんむり》を御座のまへに投出して言ふ『我らの主なる神よ、栄光と尊崇《たふとき》と能力《ちから》とを受け給ふは宜《うべ》なり。汝は万物を造りたまへり、万物は御意によりて存し、かつ造《つく》られたり』（黙四章一～一一節）

【解釈】

この後、私は見ました。見なさい。天に開いている一つの門が見えます。最初に私に語りかけてきた、あのラッパのような声が響きました。

「ここに登って来なさい。将来この後、起こるであろうことをあなたに示しましょう」

私はすぐに聖霊に満たされました。ご覧なさい。天に一つの御座が設けられていて、そこに着いていらっしゃる御方がいます。

その御方は、緑色をした宝石のようでもあり、赤めのうのようにも見えました。その御座の周囲には、緑玉のように見える虹がかかっていました。

その御座を取り囲むように、二十四の座があって、白い衣をまとい、頭には金の冠をかぶっている二十四人の長老達が座っていました。また、御座からは、沢山の稲妻が光り、多くの声と雷鳴が聞こえました。その御座の前には七つのともし火が、あかあかと燃え盛っています。それは父なる神の七つの聖霊であります。

また、御座の前には、水晶に似たガラスの海のようなものがありました。そして、御座の中央と御座の周囲には、前も後ろも沢山の目で満ちた四つの生き物が座っておりました。第一の生き物は獅子のようであり、第二の生き物は牛のようであり、第三の生き物には人間のような顔があり、第四の生き物は空飛ぶ鷲《わし》のようでした。

この四つの生き物には、それぞれ六つの翼があって、その翼の内側も外側も沢山の目で満ちております。彼等は昼も夜も絶え間無く、言い続けていました。

「聖なるかな、聖なるかな、聖なるかな、昔からおられ、現在もおられ、また、将来もやって来られる主なる全能の神よ」

「これらの生き物が御座に着いておられる御方、即ち、永遠に生きておられる御方に、栄光と誉れと感謝の念を捧げる時、二十四人の長老は、御座に着いておられる御方の御前にひれ伏し、永遠に生き給う御方を拝し、自分の冠を御座の前に投げ出して言いました。

「私たちの主なる神よ、あなたは栄光と誉れと力を受けるに、ふさわしい御方です。あなたは凡ての物を造り、あなたの御心の故に凡ての物が存在し、かつ造られているからです」

七つの封印された巻き物と小羊

我また御座に坐《ざ》し給ふ者の右の手に、巻物のあるを見たり。その裏表に文字あり、七つの印をもて封ぜられたり。また大聲に『巻物を開きてその封印を解《と》くに相應しき者は誰ぞ』と呼はる強き御使を見たり。然るに天にも地にも、地の下にも、巻物《まきもの》を開き之を見得る者《もの》なかりき。巻物を開き、これを見るに相應しき者見えざりしに因《よ》りて、我いたく泣きゐたりしに、長老の一人われに言ふ『泣くな、視よ、ユダの族の獅子・ダビデの萠蘖、すでに勝を得て巻物とその七つの封印《ふういん》とを開《ひら》き得《う》るなり』我また御座および四つの活物《いきもの》と長老たちの間に、屠られたるが如き羔羊の立てるを見たり。之に七つの角と七つの目《め》あり。この目は全世界に遣されたる神《かみ》の七つの霊なり。かれ来りて御座に坐したまふ者《もの》の右《みぎ》の手より巻物を受けたり。巻物を受《う》けたるとき、四つの活物および二十四人の長老《ちやうらう》、おのおの立琴と香の満ちたる金の鉢とをもちて、羔羊の前に平伏せり、此の香は聖徒《せいと》の祈禱《いのり》なり。斯て新しき歌を謳ひて言《い》ふ『なんぢは巻物を受け、その封印を解くに相應《ふさは》しきなり、汝は屠られ、その血をもて諸種《もろもろ》の族《やから》・國《くに》・語・民・國の中より人々を神のために買《か》ひ、之を我らの神のために國民となし、祭司となし給へばなり。彼らは地の上に王となるべし』我また見しに、御座と活物と長《ちやう》老たちとの周圍にをる多くの御使の聲を聞けり。その數千々萬々にして、大聲にいふ『屠られ給《たま》ひし羔羊こそ、能力と富と智慧と勢威《いきほひ》と尊崇《たふとき》と榮光と讃美とを受くるに相應《ふさは》しけれ』我《われ》また天に、地に、地の下に、海にある萬《よろづ》の造《つく》られたる物、また凡ての中にある物の云《い》へる聞けり。曰く『願くは御座に座し給《たま》ふものと羔羊とに、讃美と尊崇と榮光と權力と世々限りなくあらん事を』四つの活物《いきもの》はアアメンと言《い》ひ、長老たちは平伏して拜せり』（第五章一〜一四節）

【解釈】

私は御座にお座りになっている御方の、右手に巻き物をお持ちになっているのを見ました。

その巻き物には内側にも裏側にもぎっしりと文字が書かれてありましたが、七つの箇所が封印されていました。

屈強な一人の御使いが、大声を張り上げて、「巻き物を開いて、その封印を解くのにふさわしい者は誰かいないか」と言っているのが見えました。

しかし、天上にも地上にも、地の下にも、巻き物を開いてこれを見ることができる者がいなかったし、また、それにふさわしい者も見つからなかったので、私は悲しくなって激しく泣きました。するとある一人が、私に話しかけてきました。

「泣いてはいけない。ご覧なさい。ユダ族から出たダビデ王の子孫が、父なる神の、指示通り、十字架にかかって責任を果し勝利したので、その巻き物の七つの封印を解くことができるでしょう」

私はまた、御座とその周囲にいる四つの生き物、更にはその外側を囲んで座している二十四人の長老たち、その間にほふられたような小羊が立っているのを見ました。この小羊には、七つの角と七つの目がありましたが、その目は全世界に遣わされた七つの聖霊そのものでありました。

その小羊が御座に近づき、御座に着いておられる御方の右手より、巻き物を受け取られました。彼が巻き物を受け取られた時、四つの生き物と二十四人の長老は、各自、竪琴《たてごと》と、香が一杯に詰まっている金の鉢を持って、小羊の前にひれ伏しました。この香とはキリスト信者達の祈りそのものであります。

彼等は新しい歌を歌った後、言いました。

「あなたは巻き物を受け取り、その封印を解くのにふさわしい御方です。あなたは十字架にかけられ、その流された清い血により、世界中のもろもろの部族、方言を話す人々、民族、国民の中より人々を、父なる神のために贖い、買い取りました。

そして、あなたを信じる者をして、父なる神のために、神の国の民とし、祭司とされたのです。彼等は地上の人々を治めるのです」

した、私が見回しますと、御座と生き物と長老達の周囲にいる大勢の御使い達の声が、聞こえてきました。その数、万の幾千倍、万の幾万倍でありました。彼等は大声で言いました。

「屠られた小羊こそ、力と富と智恵と勢いと尊さと栄光と賛美とを、受けるにふさわしい御方である」

私はまた、天と地と地の下と、海にある、あらゆる造られたる物、並びにその中にいる生き物がこう言っているのを聞きました。

「願わくは、御座に着いておられる御方と小羊に、賛美と尊さと栄光と力とがとこしえにありますように」。

そこで四つの生き物は「アーメン」と言い、二十四人の長老達はひれ伏して拝みました。

七つの封印を解く小羊

1　第一〜五の封印を解く

「羔羊その七つの封印の一つを解き給ひし時《とき》、われ見しに、四つの活物《いきもの》の一《ひと》つが雷霆《いかづち》のごとき聲して『來れ』と言ふを聞《き》けり。また見《み》しに、視よ、白き馬あり、之《これ》に乘《の》るもの弓《ゆみ》を持ち、かつ冠冕を與へられ、勝《か》ちて復勝たんとて出《い》でゆけり。

第二の封印を解き給ひたれば、第二の活物《いきもの》の『來れ』と言ふを聞けり。斯《かく》て赤《あか》き馬《うま》いで來り、これに乘るもの地より平和《へいわ》を奪ひ取《と》ることと、人をして互に殺《ころ》さしむる事《こと》とを許《ゆる》され、また大なる劍を與へられたり。

第三の封印を解き給ひたれば、第三の活物《いきもの》の『來れ』と言ふを聞けり。われ見《み》しに、視《み》よ、黒き馬あり、之に乘るもの手《て》に權衡を持てり。斯て、われ四つの活物《いきもの》の間《あひだ》より出《い》づるごとき聲を聞けり。曰く『小麥《こむぎ》五合は一デナリ、大麥一升五合は一デナリなり、油《あぶら》と葡萄酒とを害ふな』

第四の封印を解き給ひたれば、第四の活物の『來れ』と言《い》ふを聞《き》けり。われ見しに、視《み》よ、青ざめたる馬あり、之に乘る者の名を死といひ、陰府これに隨《したが》ふ。かれらは地の四分《しぶん》の一を支配し、劍と饑饉と死と地の獸とをもて人を殺《ころ》すことを許《ゆる》されたり。第五の封印を解き給ひたれば、曾て神の言のため、又その立《た》てし證《あかし》のために殺《ころ》されし者の靈魂の、祭壇の下に在るを見《み》たり。彼ら大聲に呼はりて言《い》ふ『聖《せい》にして眞なる主《しゅ》よ、何時まで審かずして地に住む者に我らの血の復讐をなし給はぬか』爰《ここ》に各自白き衣《ころも》を與へられ、かつ己等のごとく殺されんとする同じ僕たる者と兄弟《きやうだい》との數の滿《み》つるまで、なほ暫く安んじて待つべき聞けられたり」（第六章七～一一節）

【解釈】

小羊が、七個所封印された巻物の第一番目の封印を解くと、四つの生き物の一つが、雷鳴のような大きな声で、「いでよ」と呼びかけました。

すると、白い馬がやって来て、それには弓を持った者が乗っていました。彼には冠が与えられたので、彼は勝利の上に更なる勝利を得ようと、意気揚揚と出かけて行きました。

小羊が第二の封印を解くと、第二の生き物が「来なさい」と言っているのが聞こえ、真っ赤な毛の馬がやって来ました。この馬に乗っている者には、地上の平和を乱すことができるように、人々をして互いに殺し合いをさせることが許され、彼には大きな剣が与えられました。

小羊が第三の封印を解くと、第三の生き物が「来なさい」と言っているのが聞こえ、今度は黒い馬がやって来るのが見えました。これに乗っている者は、手に秤《はかり》を持っていました。

この時、私は四つの生き物の間から発せられる声が、こう言うのを聞きました。

「小麦五合は一デナリ（※ローマの銀貨で、当時の労働者の一日分の賃金＝デナリオン）、大麦一升五合も一デナリだ。オリーブ油とぶどう酒を大切にしなくてはならない」

小羊が第四の封印を解くと、第四の生き物が「こちらに来なさい」と言っているのが聞こえ、やがて青ざめた馬がやって来ました。この馬には「死」という名を持つ者が乗っており、「陰府」がこれに従っているのが見えました。彼等には地上の四分の一を支配することが許され、剣や飢きんや死病や地上の獣によって人を殺すことが許されました。

小羊が第五の封印を解いた時、かの一冊の福音と、そのために立し証言によって、殺された人々の霊魂が祭壇の下にいるのが見えました。彼等は大声で叫にして、「聖なる主よ、あなたは何時まで審判をせず、地上に住む人達に対し、私達が流した血の復讐をなさらないのですか」と言っていました。すると彼等それぞれに、白い衣が与えられました。そして、上げられました。「あなた方と同じように、殺されようとしている私の僕やあなた方の兄弟の数が満ちるまで、暫くの間、休んでいなさい」と。

9　第六の封印が解く

第六の封印を解《と》き給ひし時、われ見《み》しに、大なる地震ありて、日《ひ》は黒き毛布のごとく、月は全面血の如くなり、天の星は無花果の樹の大風に揺られて生後《なりおくれ》の果の落つるごとく地《ち》に落ち、天は巻物を捲く如く去りゆき、山と島とは悉とくその處を移されたり。地の王たち・大臣・将校・富める者・強き者・奴隷・自由の人みな洞《ほら》と山の巌間に隠れ、山《やま》と巖とに對ひて言ふ『請ふ我らの上《うへ》に墜ちて、御座に坐したまふ者の御顔《みかほ》より、羔羊《こひつじ》の怒《いかり》より、我らを隱せ。そは御怒の大《おほい》なる日既に來ればなり。誰か立つことを得《え》ん』

この後、われ四人の御使の地の四隅《よすみ》に立《た》つを見《み》たり、彼らは地の四方《しはう》の風《かぜ》を引止《ひきと》めて、地にも海にも諸種の樹にも風を吹かせざりき。

また他の一人の御使の、いける神《かみ》の印を持《も》ちて日の出づる方より登《のぼ》るを見《み》たり、かれ地《ち》と海とを害ふ權を與へられたる四人《よにん》の御使《みつかひ》にむかひ大聲に呼はりて言《い》ふ『われらが我《われ》らの神の僕の額に印するまでは、地《ち》をも海《うみ》をも樹をも害ふな』われ印せられたる者《もの》の數《かず》を聽きしに、イスラエルの子等《ら》のもろもろの族《やから》の中にて、印せられたるもの合《あは》せて十四萬四千ありき。ユダの族の中《うち》にて一萬二千《いちまんにせん》印せられ、ルベンの族《やから》の中《うち》にて一萬二千《いちまんにせん》、ガドの族の中にて一萬二千、アセルの族《やから》の中にて一萬二千、ナフタリの族《やから》の中《うち》にて一萬二千、マナセの族の中にて一萬二千《いちまんにせん》、シメオンの族の中にて一萬二千《いちまんにせん》、レビの族《やから》の中にて一萬二千、イサカルの族《やから》の中にて一萬二千《いちまんにせん》、ゼブルンの族の中《うち》にて一萬二千《いちまんにせん》、ヨセフの族の中にて一萬二千、ベニヤミンの族の中にて一萬二千印せられたり。この後《のち》われ見しに、視よ、もろもろの國《くに》・族《やから》・民《たみ》・國語《くにことば》の中より、誰も數へつくすこと能《あた》はぬ大《おほい》なる御使、しろき衣を纏ひて手に棕梠の葉をもち、御座と羔羊《こひつじ》との前に立ち、大聲に呼《よば》はりて言ふ『救は御座に坐したまふ我らの神と羔羊とにこそ在れ』御使みな御座および長老たちと四つの活物との周圍に立ちて、御座の前に平伏し神《かみ》を拜《はい》し言ふ、『アーメン、讃美・榮光・智慧・感謝・尊貴・能力・勢威、世々限りなく我《われ》らの神にあれ、アーメン』長老たちの一人われに向ひて言ふ『この白き衣を着たる者は如何《いか》なる者にして何處より來《きた》りしか』われ言ふ『わが主よ、なんぢ知れり』かれ言ふ『彼らは大《おほ》なる患難より出で來たり、羔羊の血に己が衣を洗ひて白くしたる者なり。この故《ゆゑ》に神《かみ》の御座の前にありて晝《ひる》も夜もその聖所にて神に事《つか》ふ。御座に坐し給ふ者は彼らの上に幕屋《まくや》を張り給ふべし。彼《かれ》らは重ねて飢ゑず、重ねて渇かず、日も熱も彼らを侵すことなし。御座《みくら》の前にいます羔羊は、彼らを牧して生命《いのち》の水の泉にみちびき、神は彼らの目より凡《すべ》ての涙《なみだ》を拭ひ給ふべければなり』（第六章十二～第七章十七節）

【解説】

私は小羊が第六の封印を解かれるのを見ました。すると大きな地震が起こり、太陽は毛の荒い布で覆われたように黒くなり、月は全面血のように赤くなり、天に輝く星が地上に落ちて来ました。

それはちょうど、いちじくの樹が大風に吹かれて揺り動かされ、まだ青い状態の果実が振り落とされるような感じでした。

天は巻き物が巻かれていくように、消えて無くなり、凡ての山や島が、元あった場所から移動させられました。

地上の王様たち、大臣、将校、金持ち、強い者、奴隷や自由人達等、あらゆる人達が洞穴や山の岩間に隠れ、山と岩に向かって言いました。

「どうぞ、私達の上に覆いかぶさるようにして御座に着いておられる御方のお顔と、小羊のお怒りから、私達を匿って下さい。御怒《みいかり》の大いなる日がやって来たのです。誰がそれに耐え得ることができるでありましょう」

この後、四人の御使い達が地上の四隅に立って、地上の四方の風を押さえ込み、地にも海にも、地上のもろもろの樹にも、風が吹きつけないようにしているのが見えました。

また、もう一人の御使いが、今も生ける神の御印を持って、日の出る方向から登って来るのを見ました。彼は地も海も破壊することを許された四人の御使いに向かって、大声で叫んで言いました。

「私達が、神の僕達の額に印を押し終わるまでは、決して地をも海をも地上の樹々をも、害してはなりません」

さて、何人の者達が額に印を押されたのかを、私が聞いてみると、イスラエル（※イサクの子であるヤコブが与えられた新しい名で、彼には十二人の息子がいた。その息子達を先祖とする十二の部族のこと）の子孫の全ての部族の中で、印を押された者の合計は十四万四千人とのことでした。

その内訳は、ユダの部族の中で印を押された者が一万二千人、ルベンの部族で一万二千人、ガドの部族も一万二千人、以下アシェル、ナフタリ、マナセ、シメオン、レビ、イサカル、ゼブルン、ヨセフ、ベニヤミンの各部族共それぞれ一万二千人ずつ、計十四万四千人でした。

その後、私は見ました。「見なさい。世界中のあらゆる国民、部族、民族、言葉を話す人達の中から、数え切れないほどの大勢の群衆が、白い衣を身にまとい、手には棕櫚《しゅろ》の葉柄《ようへい》を持ち、御座と小羊の前に立っていました。彼等は大声を張り上げて言いました。

「救いは、御座にまします我らの神と、小羊から来たる」

御使い達は皆、御座と長老達と四つの生き物の周囲に立っていましたが、御座の前に一斉にひれ伏し、神を拝して言いました。

「アーメン、賛美・栄光・智恵・感謝・尊き・力・勢いが、世々限りなく、私達の神にありますように、アーメン」

長老の一人が、私に向かって話しかけてきました。

「この白い衣を着ている人達は、いったい誰なのですか。どこから来たのですか」

私は答えて言いました。

「私達の主よ。それはあなたこそ、良くご存知です」

すると彼は言いました。

「彼等は良く堪えて、大きな艱難をも堪え忍んできた人達であり、その衣を小羊の犠牲的な血で洗って、白くしたのです。それだから、彼等は聖なる神の御座の前にいて、その聖所で昼も夜も、神にお仕えしているのです。御座におられる御方は、彼等の上に幕屋を張って共にお住いになられるのです。

彼等はもはや決して飢えることもなく渇くこともありません。太陽も灼熱も、彼等を苦しめることは決して無いのです。なぜなら、御座の正面にいる小羊が、彼等の牧者となって、いのちの水の源へと導いたからであります。また、父なる神が彼等の目から、凡ての涙を拭い取って下さったからであります。

3　第七の封印を解く

第七の封印を解き給ひたれば、凡そ半時のあひだ天静かなりき。われ神の前に立てる七人の御使を見たり、彼らは七つのラッパを與へられたり。また他の一人の御使、金の香爐を持ちきたりて祭壇の前に立《た》ち、多《おほ》くの香を與へられたり。これは凡ての聖徒の祈に加へて御座の前なる金の香壇の上《うへ》に獻《さゝ》げんためなり。而《しか》して香の烟、御使の手より聖徒たちの祈とともに神の前に上《のぼ》れり。御使《みつかひ》その香爐をとり之《これ》に祭壇の火を盛りて地に投げたれば、數多の雷霆と聲と電光と、また地震おこれり（第八章一～五節」

【解釈】

小羊が第七番目の封印を解いた時、半時（※今の一時間）ばかりの間、天は静まり返りました。私は、父なる神の前に立っている七人の御使いを見ました。彼等に対して、七つのラッパが与えられました。

また、別の一人の御使いが出てきて、金の香炉を手に持ち、祭壇のところに立ちました。彼には沢山の香が与えられました。それは凡てのキリスト信者達の祈りを込めて、御座の前にある金の祭壇の上に捧げるためのものでした。香の煙は、御使いの手によって、信徒達の祈りと共に、神の御座に立ちのぼりました。

それから御使いは、その香炉を手に取り、それに祭壇の火を一杯に満たしてから、地に投げつけました。すると、沢山の雷鳴と、もろもろの声と、稲光と、地震が起こりました。

(ii) 第一～四の御使いのラッパ

さて七つのラッパを持てる七人の御使これを吹く備をなせり。

第一の御使ラッパを吹きしに、血の混りたる雹と火とありて、地にふりくだり、地《ち》の三分の一焼け失せ、樹の三分の一焼け失せ、もろもろの青草《あおくさ》焼け失せたり。

第二の御使ラッパを吹きしに、火にて燃ゆる大なる山の如きもの海に投げ入れられ、海《うみ》の三分の一血に変じ、海の中に造られたる生命あるものの三分《さんぶん》の一《いち》死に、船の三分の一滅《ほろ》びたり。

第三の御使ラッパを吹きしに、燈火のごとく燃ゆる大なる星天《ほしてん》より隕ちきたり、川《かは》の三分の一と水の源泉の上とに落ちたり。この星の名は苦艾と言《い》ふ。水の三分の一は苦艾《がよもぎ》となり、水の苦くなりしに因りて多くの人死にたり。

第四の御使ラッパを吹きしに、日の三分の一と月の三分の一と星《ほし》の三分の一《いち》と撃たれて、その三分の一は暗くなり、昼も三分の一は光なく、夜も亦おなじ。

また見しに、一つの鷲の中空を飛び、大なる声して言ふを聞《き》けり。曰く『地に住める者《もの》どもは禍害《わざはひ》なるかな、禍害《わざはひ》なるかな、禍害《わざはひ》なるかな、尚ほかに三人の御使《みつかひ》の吹《ふ》かんとするラッパの聲あるに因りてなり』」（第八章六～十三節）

【解釈】

続いて、それぞれラッパを持っている七人の御使い達が、ラッパを吹く準備をしました。

第一の御使いがラッパを吹き鳴らすと、血の混じった雹と火が現われて、地上に降り注ぎました。これにより地上の三分の一が焼け、樹々の三分の一が焼失し、種々の青草も凡て焼けてしまいました。

第二の御使いがラッパを吹き鳴らすと、火が燃え盛っている大きな山のようなものが、海に投げ込まれました。これによって、海の三分の一は血のようになり、神により造られた海の中の生き物のうち三分の一は死に、舟の三分の一も打ち壊されました。

第三の御使いがラッパを吹き鳴らすと、ともし火のように燃えている大きな星が、天より落ちて来ました。その場所は、全国の川々の三分の一とその水源の上でした。この星の名は「苦よもぎ」と呼ばれていて、その名が示す通り、水の三分の一は、「苦よもぎ」のように苦くなりましたので、苦い水のために多くの人が命を失いました。

第四の御使いがラッパを吹き鳴らすと、太陽の三分の一と、月の三分の一と、星の三分の一が打たれたため、それぞれの三分の一が暗くなり、それによって昼はその三分の一の光を失い、夜も同様に暗くなりました。

また、私は見ました。一羽の鷲が中空を飛びながら、大声で叫んでいました。「禍いがやって来る。禍いが、地に住む人々に禍いがやって来る。」と。それは、あと三人の御使いが、ラッパを吹き鳴らそうとしているのでした。

① 第五の御使いのラッパ

第五の御使ラッパを吹きしに、われ一つの星の天より地に隕《お》ちたるを見たり。この星《ほし》は底なき坑の鍵を與へられたり。斯く底なき坑を開きたれば、大《おおい》なる爐《ろ》の烟のごとき烟《けむり》、坑より立ちのぼり、日も空気も坑の烟にて暗くなれり。烟の中より蝗《いなご》地上に出で、地《ち》の蠍のもてる力のごとき力を與へられ、地の草、すべての青《あお》きもの又すべての樹を害《な》ふことなく、ただ額に神の印なき人《ひ》をのみ害《そこな》ふことを命ぜられたり。然《さ》れど彼《かれ》らを殺《ころ》すことを許されず、五月のあひだ苦しむることを許《ゆる》さる。その苦痛は蝎に刺されたる苦痛《くるしみ》のごとし。このとき人々、死を求むとも見出《みいだ》さず、死《し》なんと欲すとも死は逃げ去るべし。かの蝗《いなご》の形《かたち》は戦争の為に具へたる馬《うま》のごとく、頭《かしら》には金に似たる冠冕の如きものあり、顔は人《ひと》の顔のごとく、之に女の頭髪《かみのけ》のごとき頭髪《かみのけ》あり、歯は獅子の歯のごとし。また鐵《てつ》の胸當《むねあて》のごとき胸當あり、その翼《つばさ》の音《おと》は軍車《いくさぐるま》の轟《とどろ》くごとく、多くの馬の戦闘に馳《は》せゆくが如《ごと》し。また蝎のごとき尾ありて之《これ》に刺《はり》あり、この尾に五月のあひだ人を害ふ力《ちから》あり。

この蝗に王あり。底なき所《ところ》の使《つかひ》にして名《な》をヘブル語にてアバドンと云《い》ひ、ギリシャ語《ご》にてアポルオンと云ふ。第一の禍害《わざはひ》すぎ去《さ》れり、視よ、此の後なほ二《ふた》つの禍害《わざはひ》きたらん」

（第九章一～一二節）

【解釈】

第五の御使いがラッパを吹き鳴らすと、突然一つの星が天から地上に落ちて来ました。

その星には、底知れぬ深きところに出る穴を開く鍵が与えられました。

その鍵で底知れぬ所の穴が開かれると、大きな炉から出るような煙がそこから立ちのぼり、その煙によって、太陽も空も暗くなりました。

その煙の中からいなごが地上に這い出して来るのが見られました。彼等には地にいる蝎《さそり》が持っているような力が与えられました。彼等は地の草やあらゆる草木、そして人々を害してはならないが、額に神の印が押されていない人達には害を加えても良いと言い渡されました。

しかし、彼等が人々を殺すことは許されず、ただ五ヶ月の間人を苦しめることだけが許可されたのです。その苦しみは、人が蝎に刺された時のような激痛でした。その間、苦痛に堪え切れずに人々は死を求めても、良い方法を見出せず、死を願っても、却って死が彼等から逃げて行くのでした。

これらいなごの形は、出陣の用意を整えた馬のようでした。頭には金の冠のようなものをかぶっており、顔は人間のようでした。髪の毛は女の髪のようで、歯は獅子の歯のようでありました。

また、鉄の胸当てのようなものを胸につけ、その翼の音は、ちょうど、馬に引かれて戦場へと急ぐ沢山の戦車の響きのようでもあり、多くの馬が戦場に馳せ着けている響きのようでもありました。更に、蝎のような針のついた尾が備わっており、その尾には五カ月の間、人を害する力がありました。

このいなご達には王様がいて、その方は底知れぬ穴からの使いで、その名をヘブル語ではアバドンと言い、ギリシャ語ではアポルオン（※旧約聖書では『陰府』と約されている《ヨブ記第二六章六節》）と言いました。これで第一の禍は過ぎ去りましたが、ご覧なさい、尚二つの禍がやって来ます。

⑶　第六の御使いのラッパ

第二の禍　その一

「第六《だいろく》の御使《みつかひ》ラッパを吹《ふ》きしに、神《かみ》の前《まへ》なる金《きん》の香壇《かうだん》の四《よ》つの角《すみ》より聲《こゑ》ありて、ラッパを持《も》てる第六《だいろく》の御使《みつかひ》に『大《おほい》なるユウフラテ川《がは》の邊《ほとり》に繋《つな》がれをる四人《よにん》の御使《みつかひ》を解《と》き放《はな》て』と言ふを聞けり。斯くてその時、その日、その月、その年に至《いた》りて、人の三分の一を殺《ころ》さん為に備へられたる四人の御使は、解き放たれたり。騎兵の数は二億《におく》なり、我その数を聞《き》けり。我幻影にてその馬と之に乗る者とを見しに、彼らは火《ひ》・煙《けむり》・硫黄の色したる胸當《むねあて》を着く。馬の頭は獅子の頭のごとくにて、その口より火と煙《けむり》と硫黄《いわう》と出づ。この三《み》つの苦痛、即ち其《そ》の口より出づる火と煙と硫黄とに因りて人《ひと》の三分《さんぶん》の一殺されたり。馬《うま》の力はその口とその尾とにあり、その尾は蛇の如くにして頭《かしら》あり、之をもて人を害ふなり。これらの苦痛《くるしみ》にて殺されざりし残の人々は、おのが手の業《わざ》を悔改めずして、なほ惡鬼《あくき》を拝し、見ることも聞くことも歩むことも能はぬ金・銀・銅・石《いし》・木《き》の偶像を拝せり。又その殺人・咒術・淫行・窃盗を悔改めざりき」（第九章一三〜二一節）

「解説」

第六番目の御使いがラッパを吹き鳴らすと、神の御前にある祭壇の四隅の角から声がして、ラッパを持っている第六の御使いに言いました。「大きなユーフラテス河のほとりに繋ぎとめられている、四人の御使いを解き放しなさい」

すると、その時、その日、その月、その年のために準備されていた四人の御使いが、人間の三分の一を殺すために解き放たれました。その騎兵隊の数は、何と二億騎であると聞かされました。

私は幻影の中で、それらの馬とその馬に乗っている人達を見ました。騎兵達は、火のような色と煙のような濁った色と、燃えている硫黄の色の胸当てを着けていました。

それらの馬の頭は、獅子の頭のようで、その口からは火と煙と硫黄が出ていました。これら三つの災害、即ち、馬達の口から出る火と煙と硫黄とによって、人類の三分の一が殺されました。

馬の力はその口と尾にあり、その尾は蛇のようであり、頭もあって、その頭で人に害を加えるのです。

これらの災害にあっても、殺されずに残った人達は、それでもその手の業を悔い改めようとせず、悪霊を拝したり、金、銀、銅、石、木で造られ、見ることも聞くことも歩くこともできない偶像を礼拝し続けました。また、殺人や、いかがわしい呪いや、不品行や、盗みを悔い改めませんでした。

ヨハネに対する予言命令

「我また一人の強き御使の雲を著て天より降るを見たり。その頭《かしら》の上に虹あり、その顔《かほ》は日の如く、その足は火の柱のごとし。その手には展きたる小《ちひさ》き巻《まき》物をもち、右の足を海《うみ》の上におき、左の足を地の上におき、獅子の吼ゆる如く大聲《おほごゑ》に呼《よば》はわり、呼はりたるとき七つの雷霆おのおの聲を出せり。七つの雷霆の語りし時、われ書き記さんとせしに、天《てん》より聲ありて『七つの雷霆の語りしことは封じて書き記すな』といふを聞けり。斯て我《わ》が見しところの海と地とに跨り立てる御使、天に向ひて右《みぎ》の手《て》を擧げ、天および其の中《なか》に在るもの、地および其の中にあるもの、海および其の中にある物《もの》を造り給ひし世々限《かぎ》りなく生きたまふ者《もの》を指して誓ひて言ふ『この後、時は延ぶることなし。第七の御使の吹《ふ》かんとするラッパの聲の出づる時に至りて、神の僕なる預言者《よげんしゃ》たちに示し給ひし如く、その奥義は成就せらるべし』。前に我が天より聞きし聲のまた我《われ》に語りて『なんぢ往《ゆ》きて海と地とに跨り立てる御使の手にある展きたる巻物を取れ』と言《い》ふを聞けり。われ御使《みつかひ》のもとに往きて小き巻物を我に與へんことを請ひたれば、彼いふ『これを取りて食ひ盡《つく》せ、さらば汝の腹苦くならん。然れど其《そ》の口《くち》には蜜のごとく甘からん』われ御使《みつかひ》の手《て》より小《ちひさ》き巻物をとりて食ひ盡したれば、口《ち》には蜜《みつ》のごとく甘かりしが、食ひし後《のち》わが腹《はら》は苦《にが》くなれり。また或者われに言ふ『なんぢ再び多《おほ》くの民《たみ》・國・國語・王たちに就《つ》きて預言《よげん》すべし』（第一〇章一〜一一節）

【解釈】

私は、また、一人の強力な御使いが、雲をまとって、天から降って来るのを見ました。頭上には虹を戴き、顔は太陽のようで、足は火柱のようでした。手には開かれた小さな巻き物を持っており、右足は海の上に、左足は地上に踏みおろして、獅子が吠えているような大声で叫び出した。

彼が叫んだ時、七つの雷がそれぞれ大声を発しました。七つの雷が語り始めたので、私は急いでそれを書き留めようとしました。すると、天から「七つの雷の語ったことは封印して、決してそれを書き記すな」と言うのが聞こえました。

すると、私が先に見た海と地の上に跨り立っている御使いが、天に向かって高々と御手を上げ、天とその中にあるもの、地とその中にあるもの、海とその中にあるもの凡てを創造し、永遠に生き給う御方を指して誓いました。

「もはや時間がありません。第七の御使いが吹き鳴らそうとするラッパの音が響き渡るその時、神の僕たる預言者たちにお告げになった通り、神の奥義は成就されるでしょう」

すると、私が以前天から聞いたことのあるあの声が、また私に語りかけて来ました。

「あなたは、海と地の上に跨り立っている御使いの所へ行き、その手にある開かれた巻き物を受け取りなさい」

そこで、私はその御使いの所に行き、その小さな巻き物を私に下さることを請い願いました。すると彼は言いました。「私の手からそれを取って、食べてしまいなさい。あなたの腹には苦いかもしれないが、あなたの口には蜜のように甘いでしょう」と。

私は御使いの手よりその小さな巻き物を受け取り、言われたとおりそれを食してしまいました。成る程、御使いの言われたように、それは口には蜂蜜のように甘かったが、食べた後、私の腹は苦しくなり出しました。それから、どこからともなく「あなたは、もう一度、多くの民族、国民、方言を語る人々、王達について予言しなくてはなりません」という声がしました。

第二の禍　その二

「我に、われ杖のごとき間竿を與《あた》へられたり、斯て或者いふ『立ちて神《かみ》の聖所《せいじょ》と香壇《かうだん》と其處《そこ》に拝する者どもとを度れ、聖所の外《と》の庭は差措《さしお》きて度る勿れ、これは異邦人《いはうじん》に委《ゆだ》ねられたり、彼らは四十二个月のあひだ聖なる都《みや》を蹂躙《ふみにじ》らん。我わが二人の證人に權《けん》を與《あた》へん。彼《かれ》らは荒布を著て千二百六十日のあひだ預言すべし。彼らは地の主の御前に立《た》てる二《ふた》つのオリブの樹、二つの燈臺なり。もし彼《かれ》らを害はんとする者《もの》あらば、火その口より出《い》でてその敵《てき》を焚き盡さん。もし彼らを害はんとする者あらば、必ず斯のごとく殺さるべし。彼《かれ》らは預言するあひだ雨を降らせぬやうに天を閉《と》づる權力《ちから》あり、また水を血に變《かは》らせ、思《おも》ふままに幾度にても諸種の苦難をもて地を撃つ權力《ちから》あり。彼等がその證を終へんとき底《そこ》なき所《ところ》より上る獸ありて之と戰闘をなし、勝ちて之を殺さん。その屍體は大《おほい》なる都《みやこ》の衢《ちまた》に遺《のこ》らん。

この都を譬へてソドムと云《い》ひ、エジプトと云《い》ふ、即ち彼らの主《しゅ》もまた十字架《じふじか》に釘《つ》けられ給ひし所なり。もろもろの民・族《やから》・國語・國の者、三日半《みっかはん》の間その屍體を見《み》、かつ其の屍體を墓《はか》に葬ることを許さざるべし。地に住む者どもは彼《かれ》らにつきて喜び樂しみ、互に禮物を贈らん、此の二人の預言者は地に住む者を苦しめたればなり。三日半ののち生命の息、神より出でて彼らに入り、かれら足にて起ちたれば、之を見るもの大に懼《おそ》れたり。天より大なる聲して「ここに昇れ」と言ふを彼ら聞きたれば、雲に乘りて天に昇《のぼ》れり、其の敵もこれを見たり。この時大なる地震ありて都の十分《じふぶん》の一は倒れ、地震のために死にし者七千人にして、遺れる者は懼をいだき、天の神《かみ》に榮光《えいくわう》を歸したり。第二の禍害すぎ去れり、視よ、第三の禍害すみやかに來るなり」（第十一章一〜十四節）

【解説】

それから、私には杖のような計測用の竿が与えられました。すると、どこからか声が聞こえてきました。

「立ち上がって、神の聖所と祭壇と、そこで礼拝している人達を測り尽くせ。聖所の外庭の中は、異邦人に与えられているから、そのままにしておき、それを測ってはなりません。彼等は四十二カ月の間、聖なる都を踏みにじるであろう。

私は、我が二人の証人に、荒布を身にまとい、千二百六十日の間、予言するよう命じました。彼等は、全地を支配する主の御前に生えている二本のオリーブの樹と二つの燭台である。もし彼等を妨害しようとする者があれば、彼等の口から火が出て、その敵を焼き尽くすであろう。誰であっても彼等に危害を加えんとする者があれば、必ずこのようにして殺されるのです。

彼等には、予言している期間中、天を閉じて雨を降らせないようにする力が与えられており、更には、水を血に変えたり、思うがまま何度でも、もろもろの災害を起こして地を打つ力を持っている。

彼等が命じられた証しを終えると、底が知れないほど深いところから上って来た獣が、彼等二人と戦って打ち勝ち、彼等は殺されるであろう。それらの死体は、ソドム（※ヨルダン河流域の低地にあった五つの町の一つ）やエジプトに例えられている大いなる都（※エルサレムを指す）の大通りに、曝されるのである。彼等の主（※イエス・キリストを指す）も、この都で十字架につけられたのです。

もろもろの民族、部族、方言を話す人達、国に属する人々が、三日半の間、二人の死体をながめています。彼等の死体を墓に納めようとはしないでしょう。それどころか、地に住む人達は彼等が死んだことで喜び楽しんで、お互いに贈り物をしあうだろう。なぜならこの二人の予言者は、地に住む人々を苦しめたからである」

三日半の後、神から出た生命の息が、彼等の中に吹き込まれました。すると彼等が生き返り、立ち上がったので、それを見た人々は、非常な恐怖心に襲われました。

その時、天から大きな声が響き、「ここに上れ」と言うのを二人は聞きました。そこで、彼等は雲に乗って天に上って行きました。彼等の敵はそれを見ました。

その時、大地震が起こって、都の十分の一は壊され、この地震によって七千人の人々が死に、生き残った人達は恐怖におののき、天の神を崇め奉りました。

第二の禍は過ぎ去りました。しかし、ご覧なさい。第三の禍がすぐさまやって来ます。

（１）第七の御使いのラッパ

第三の禍の始まり

「第七の御使ラッパを吹きしに、天《てん》に数多《あまた》の大なる聲ありて『この世《よ》の國《くに》は我《われ》らの主《しゅ》および其のキリストの國となれり。彼《かれ》は世々限《かぎ》りなく王たらん』と言ふ。かくて神《かみ》の前《まへ》にて座位に坐する二十四人の長老ひれふし神《かみ》を拜《はい》して言ふ、『今いまし昔《むかし》います主《しゅ》たる全能《ぜんのう》の神よ、なんぢの大なる能力を執りて王《わう》と成《な》り給《たま》ひしことを感謝す。諸國《しょこく》の民《たみ》、怒《いかり》を懐《いだ》けり、なんぢの怒も亦いたれり、死《し》にたる者《もの》を審《さば》き、なんぢの僕なる預言者《よげんしゃ》および聖徒《せいと》、また小なるも大なるも汝の名を畏《おそ》るる者《もの》に報償をあたへ、地を亡す者《もの》を亡《ほろぼ》したまふ時《とき》いたれり』斯て天にある神の聖所《せいじょ》ひらけ、聖所のうちに契約の櫃見え、数多《あまた》の雷光《いなづま》と聲《こゑ》と雷霆と、また地震と大なる雹とありき」（第十一章十五～十九節）

【解釈】

第七番目の御使いが、ラッパを吹き鳴らしました。すると、天に、沢山の大きな声が響と渡りました。

「この世の国は、私達の主とそのキリストのものとなった。主は、世々限りなく、万物を支配なされるであろう」

それから、神の御前で座に着いておられる二十四人の長老達は、ひれ伏し、神を拝して言いました。

「今おられ、昔もおられた、我らの上なる全知全能の神よ、あなた様がすべての偉大な御力を発揮して、万物の支配者となられたことを感謝します。諸国の民は怒りを覚えたようですが、あなたも怒りを表わされました。

凡ての死人を裁き、あなた様の僕である預言者やキリスト教徒、また小さき者も大きな者も、凡てあなたの御名を畏れ敬う者には報償を与え、地を滅ぼす者どもを滅ぼされる時が来たのです」

かくして、天にある神の聖所が開かれ、その聖所の中に、契約の箱（※十戒が刻まれている二枚の石板が収納されている箱）が見えました。また、沢山の稲光と、もろもろの声と雷鳴が聞こえ、地震が起こり、大きな雹が降りました。

巨大なしるし　女と龍

「また天に巨なる徴見えたり、日《ひ》を著たる女《をんな》ありて其の足の下に月あり、其《そ》の頭《かしら》に十二《じふに》の星の冠冕ありき。かれは孕りをりしが、子《こ》を産まんとして産みの苦痛と悩《なや》みとのために叫《さけ》べり。また天に他の徴見えたり。視《み》よ、大《おほい》なる赤《あか》き龍あり、これに七《なな》つの頭《かしら》と十《とを》の角《つの》とありて頭には七つの冠冕あり。その尾は天《てん》の星の三分の一を引きて之《これ》を地に落《おと》せり。龍《たつ》は子を産まんとする女の前に立ち、産むを待《ま》ちて其の子を食ひ尽さんと構《かま》へたり、女《をんな》は男子を産めり、この子は鐵の杖をもて諸種《もろもろ》の國人を治めん。

かれは神の許に、その御座の下に擧げられたり。女は荒野に逃《に》げゆけり、彼處《かしこ》に千二百六十日の間かれが養はるる爲に神《かみ》の備へ給へる所あり。

斯て天に戰爭おこれり、ミカエル及びその使たち龍《たつ》とたたかふ。龍もその使《つかひ》たちも之《これ》と戰ひしが、勝つこと能はず、天《てん》には、はや其《そ》の居る所なかりき。かの大《おほい》なる龍《たつ》、すなはち悪魔と呼ばれ、サタンと呼ばれたる全世界《ぜんせかい》をまどはす古き蛇は落《おと》され、地《ち》に落《おと》され、その使たちも共に落されたり。我《われ》また天《てん》に大なる聲ありて『われらの神《かみ》の救《すくひ》と能力《ちから》と國《くに》し神のキリストの權威とは、今すでに來れり。我らの兄弟《きやうだい》を訴《うつた》へ、夜晝われらの神《かみ》の前《まへ》にて訴ふるもの落《お》されたり。而して兄弟たちは羔羊の血と己《おの》が證《あかし》の言によりて勝ち、死《し》に至るまで己が生命を惜まざりき。この故に天および天に住める者《もの》よ、よろこべ。地《ち》と海《うみ》とは禍害なるかな、惡魔おのが時の暫時なるを知り、大なる憤恚《いきどほり》を懷きて汝等のもとに下りたればなり』といふを聞けり。

斯て龍はおのが地に落されしを見し男子を生みし女を責《せ》めたりしが、女は荒野なる己《おの》が處に飛ぶために大いなる鷲の兩の翼を與へられたれば、其處《そこ》にいたれり、一年二年《にねん》、と半年のあひだ蛇の面を離れて養はれたり。蛇はその口《くち》より水を川のごとく、女《をんな》の後に吐きて女を流されんとしたれど、地は女を助け、その口《くち》を開《ひら》きて龍の口より吐きたる川を呑み盡せり。而して龍は女を怒りてその裔の殘れる者、即《すなは》ち神《かみ》の誡命《いましめ》を守り、イエスの證を有てる者に戰鬪を挑まんとして出でゆき、海邊の砂の上《うへ》に立《た》てり」（第十二章一〜一八節）

【解釈】

また、天に巨大なしるしが現われました。太陽を戴いた一人の女が現われ、見るとその足下に月を踏み、その頭には十二の星の冠をかぶっていました。この女は妊娠していて、産みの苦しみと痛みのため、泣き叫んでいました。

また、天に別のしるしが現われました。ご覧なさい。大きな赤い龍です。その龍には七つの頭と十本の角があり、その頭に七つの冠をかぶっていました。その尾は、天に輝く星の三分の一を掻き集め、これらを地上に投げ落としました。龍は出産しようとしている女の前に立ち、子が生まれたらその子を食い尽くそうと身構えていました。女は無事、男の子を出産しました。この子は、鉄の杖をもって諸々の国民を統治するでありましょう。彼は、神の御許、その御座に引き上げられました。

女は荒野に逃げ去りました。そこは、千二百六十日の間、彼女が生活できるようにと、神が特別に用意された場所でした。

さて、天に戦いが始まりました。ミカエル（※七人の大天使長の一人で、神の威力を示す戦いの天使）とその御使い達は、龍と戦いました。龍とその部下達も、必死で応戦しまし

たれ、勝つことができませんでした

今では、もはや彼らの居場所は無くなりました。その巨大な龍、即ち、悪魔とか、あるいはサタンと呼ばれ、古くは小さな蛇に化身し、人類の祖アダムに禁断の樹の実を食べさせ、全世界を惑わしてきたこの古い蛇は、只今、地に投げ落とされ、その手下どもも、総て投げ落とされました。

その時、私は天から大きな声を聞きました。

「今や、我らが神の救いと力と国と、その上、神よりのキリストの権威が現われた。我らの兄弟達を告発する者達、夜となく昼となく、彼らを神の御前で訴えていた者達、投げ落とされた。兄弟達は、小羊の流した清い血と、彼ら自身の証しの言葉によって勝利したのだから。兄弟達は、命を惜しむというようなことが出来してなかった。

それ故に、天及びその中に住んでいる者達は喜びなさい。しかし、地と海とは、禍かやなぜなら、残された時間が短いことを知った悪魔が、激怒したままの状態で、地上に落とされたからである」

そのような次第で、自分が地上に投げ落とされたことを知った龍は、男の子を生んだ女を追いかけました。しかし、女は自分の隠れ場所である荒野に行くために、大きな鷲のような二つの翼を与えられ、そこへ飛んで逃れました。そこで約三年半の間、蛇から逃れて養われました。

ところが、執念深い蛇は、その口から水を川のように女の背後へ吐き出し、女を大水で押し流そうとしました。しかし、地は女を助けようと、その口を開いて、龍が口から吐き出した川の水を飲み下してしまいました。

これを見た龍は、女に対して激しく怒り、女の子孫で地上に残されている者達、即ち、神の戒めを守り、イエスを信じている者達に戦いを挑むため出発しようと、海辺の砂の上に立ち上がりました。

巨大なしるし　獣　その一

「我また一つの獣の海より上《のぼ》るを見たり。之《これ》に十《とを》の角と七つの頭とあり、その角《つの》に十《とを》の冠冕あり、頭の上には神を瀆《けが》す名《な》あり。わが見《み》し獣は豹に似て、その足《あし》は熊《くま》のごとく、その口は獅子の口のごとし。龍《たつ》は、これに己が能力《ちから》と己が座位と大《おほい》なる権威《けんゐ》とを與《あた》へたり。我その頭《かしら》の一つ傷つけられて死ぬばかりなるを見しが、その死ぬべき傷いやされたれば、全地の者これを怪しみて獣に従へり。また龍おのが權威《けんゐ》を獣に與へしによりて彼ら龍を拝し、且その獣を拝して曰ふ『たれか此の獣に等《ひと》しき者あらん、誰か之と戰《たゝか》ふことを得ん』獣また大言と瀆言を語る口を與へられ、四十二个月《しじふにかげつ》のあひだ働く權威《けんゐ》を與へられたれば、彼は口をひらきて神を瀆し、又その御名とその幕屋《まいや》すなはち天に住む者どもを瀆し、また聖徒に戰鬪を挑みて、之に勝つことを許され、且《かつ》もろもろの族・民・國語《ことば》・國を掌どる權威を與へらる。凡て地に住む者にて其の名を、屠《はふ》られ給ひし羔羊の生命の書《ふみ》に世の創より記されざる者は、これを拝せん。人もし耳あらば聽くべし。虜にせらるべき者は虜にせられ、劍にて殺す者は、おのれも劍にて殺《ころ》さるべし、聖徒たちの忍耐《にんたい》と信仰とは茲にあり』（第一三章一〜一〇節）

【解説】

私はまた、一匹の獣が海から上って来るのを見ました。この獣には十本の角と七つの頭があり、角には十の冠をかぶっており、頭には神を汚す名がついていました。

私が見たこの獣は、豹に似ており、その足は熊の足のように太く、その口は獅子の口のようでした。

龍（※サタンの化身）は、自分の力と位と大きな権威をこの獣に与えました。獣の頭の一つは、死ぬほどの重傷を負っていましたが、その致命的な傷も治ってしまいました。

そこで、全地に住む人々は不思議に思い、驚き恐れてその獣に従いました。また、龍がその権威を獣に与えたので、人々は龍を拝し、かつ、獣を拝して言いました。

「誰がこの獣に匹敵することができましょう。誰がこれと戦うことができるでありましょうか」

この獣には、大言壮語したり冒瀆的な言葉を吐く口が与えられ、四十二カ月の間活動する権限が与えられました。そこで彼は口を開いて、神を冒瀆したり、その御名とその幕屋、即ち、天に住む者達をののしりました。

彼はまた、キリスト教徒達に戦いを挑んで、彼等に打ち勝つことが許され、その上、あらゆる部族、民族、方言を話す人々、国民を支配する権威を与えられました。

地上に住む人々で、血の贖いをし給うた小羊の「いのちの書」に、世の始まりから今にかれず、その名が記載されていない者達は皆、この獣を拝むでしょう。囚われる者は、良く囚わさないしない。捕虜になるべき人は、捕虜にされて行く。剣で人を殺す者は、自らも剣で殺せれるでしょう。ここに、キリスト教徒達の忍耐と信仰があります。

いかなしるし　獣　その二

我また他の獣《けもの》の地より上るを見たり。之に羔羊のごとき角二《つのふた》つありて龍のごとくに語り、先の獣の凡ての權威を彼の前にて行ひ、地と地に住む者《もの》とをして死ぬべき傷《きず》の醫《いや》されたる先の獣《けもの》を拝せしむ。また大なる徴をおこなひ、人々《ひとびと》の前《まへ》にて火を天より地に降《ふ》らせ、先の獣の前にて行ふことを許されし徴をもて地に住《す》む者《もの》どもを惑し、剣にうたれてなほ生ける獣の像《ざう》を造ることを地に住む者どもに命《めい》じたり。而して其の獣の像に息を與へて物言はしめ、且その獣の像を拝せぬ者をことごとく殺《ころ》さしむる事を許され、また凡ての人をして、大小・貧富・自主・奴隷の別なく、或《あるひ》はその右の手、あるひは其《そ》の額に徽章を受けしむ。この徽章を有たぬ凡ての者に賣買することを得ざらしめたり。その徽章は獣の名《な》、もしくは其の名の數字なり。智慧は茲にあり、心ある者は獣の数字を

算へよ。獣の数字は人の数字にして、その数字は六百六十六なり」（第一三章一一～一八節）

【解釈】

私はまた、別の獣が地から上って来るのを見ました。それには小羊のような角が二本ついており、龍のようにものを言いました。そして、最初の獣が持っている凡ての権威を彼の前で働かせて見せました。また、地と地に住む人々に、致命的重傷から回復した最初の獣を拝ませました。

更に人々の前で、天から地に火を降らせるような大きなしるしを行ない、最初の獣の前で行なうことを許されたしるしで、地上に住む人達を惑わしました。それだけではなく、剣で重傷を負いながらもなお生き返った先の獣の像を造るように、地上に住む人々に命じました。しかも、その獣の像に息を吹き込んで、ものが言えるようにさえしました。

そして、この獣の像を拝ませ、拝まない者を皆殺しさせることを許し、その上、大人も子供も、富める者も貧しき者も、自由人であっても奴隷であっても、凡ての人々に、その

右の手か額に刻印を押させました。この刻印の無い者たちは、物を売ったり買ったりする
ことができないようにしたのです。

「刻印は、かの獣の名、またはその名の数字なのです。ここで智恵を働かせる必要があります。思慮ある者は獣の数字を数えなさい。その数字は人間を指しており、その数は六百六十六とされます。」その数は、獣を神格化しているのですが、決して神ではないことを指しているからです（※六という数字は完全数に達していないことを意味する）。

しるし　シオンの丘の小羊

われ見しに、視よ、羔羊シオンの山に立ちたまふ。十四萬四千《まんしせん》の人これと偕に居り、その額には羔羊の名および羔羊の父の名記しあり。われ天より聲《こゑ》を聞けり、多くの水の音《おと》のごとく、大なる雷霆の聲のごとし。わが聞きし此の聲は彈琴者《ことびき》の立琴を彈く音のごとし。かれら新しき歌を御座の前および四つの活物と長老たちとの前にて歌ふ。この歌は地《ち》より贖はれたる十四萬四千人の他は誰も學びうる者なかりき。彼《かれ》らは女に汚されぬ者なり、潔き者なり、何處にまれ羔羊の往き給ふところに隨ふ。彼《かれ》らは人《ひと》の中より贖はれて神《かみ》と羔羊とのために初穂となれり。その口に虚偽なし、彼らは瑕《きず》なき者《もの》なり。

我また他の御使の中空を飛ぶを見たり。かれは地に住むもの、即ちもろもろの國《くに》・族《やから》・國語・民に宣傳へんとて永遠の福音《ふくいん》を携《たづさ》へ、大聲にて言ふ『なんぢら神《かみ》を畏《おそ》れ、神《かみ》に榮光《えいくわう》を歸せよ。その審判の時既に至《いた》りたればなり。汝ら天と地と海と水《みづ》の源泉《みなもと》とを造《つく》り給《たま》ひし者を拜せよ』

ほかの第二の御使かれに随《したが》ひて言ふ『倒《たお》れたり、倒れたり、大なるバビロン、己《おの》が淫行《いんかう》より出づる憤恚の葡萄酒をもろもろの國人《くにびと》に飲《の》ませし者』

ほかの第三の御使かれに随ひ大聲《おほごゑ》にて言《い》ふ『もし獸とその像とを拜《はい》し、且《かつ》その額《ひたひ》あるひは手に徽章を受くる者あらば、必《かなら》ず神の怒りの酒杯に盛りたる混《まじ》りなき憤恚《いきどほり》の葡萄酒を飲み、かつ聖なる御使《みつかひ》たち及び羔羊《こひつじ》の前にて火と硫黄とにて苦《くる》しめらる可《べ》し。その苦痛の煙は世々限りなく立《た》ち昇《のぼ》りて、獸《けもの》とその像とを拜《はい》する者また其《そ》の名《な》の徽章《しるし》を受《う》けし者は、夜も晝も休息を得ざらん。神《かみ》の誡命《いましめ》とイエスを信ずる信仰《しんかう》とを守《まも》る聖徒《せいと》の忍耐《にんたい》は茲にあり』

我また天より聲ありて『書《か》き記《しる》せ「今《いま》よりのち主にありて死ぬる死人《しにん》は幸福《さいはひ》なり」御霊《みたま》も言ひたまふ「然り、彼等はその勞役を止《や》めて息まん、その業これに随《したが》ふなり」』と言《い》ふを囲めり。

また見しに、視《み》よ、白き雲あり、その雲の上に人の子の如きもの坐《ざ》し、首には金の冠冕《かんむり》をいただき、手には利き鎌を持ちたまふ。又ほかの御使、天《てん》の聖所《せいじょ》より出で雲のうへに坐《ざ》したまふ者にむかひ、大聲に呼はりて『なんぢの鎌を入れて刈《か》れ、地《ち》の穀物は全く熟《く》し、既に刈り取るべき時至ればなり』と言《い》ふ。かくて雲の上に坐したまふ者その鎌を地《ち》に入《い》れたれば、地《ち》の穀物刈り收められたり。

又ほかの御使、天の聖所より出で同じく利き鎌を持てり。又《また》ほかの火を掌どる御使《つかひ》、祭壇より出で、利き鎌をもつ者にむかひ大聲に呼はりて『なんぢの利き鎌を入れて地《ち》の葡萄の樹の房を刈り收めよ、葡萄は既に熟したり』と言ふ。御使《みつかひ》その鎌を地に入れて地《ち》の葡萄を刈りをさめ、神の憤恚の大なる酒槽に投げ入れたり。かくて都の外にて酒槽を踐《ふ》みしに、血酒槽より流れ出でて馬の轡に達くほどに擴がり、一千六百《いっせんろっぴゃく》丁に及べり（第一四章一四〜二〇節）

【解釈】

私が見ていると、ご覧なさい、シオン（※古都エルサレムの東南にある丘の名）の山に小羊が立ちました。小羊とともに、十四万四千人の人々がおり、その人達の額には小羊（※キリスト）の名とその父（※天地創造の神）の名とがしるされていました。

その時、大水が流れるような、雷鳴の轟きのような声が、天から響くのが聞こえて来ました。その声は、竪琴を奏でる音のようでもありました。彼等は、新しい歌を御座の前と、四つの生き物や長老達の前で声高らかに歌いました。

この歌は、地上で小羊の清い血により贖われた十四万四千人のほかに、誰も学ぶことができなかったものでした。彼等は女によって汚されたことのない者達であり、純潔な者達であります。そして、何処であろうと、小羊が行くところへ随行するのです。彼等は、神と小羊に捧げられる初穂として、地上の多くの人達の中から、特に贖われた者達でありま す。彼等の口には偽りがなく、心身共に傷がありませんでした。

私はまた、もう一人の御使いが中空を飛んで来るのを見ました。彼は地上に住む人達、即ち、すべての国民、民族、方言を話す者達、部族に宣べ伝えんがために、永遠なる福音

と携えて来たのでした。彼は大声で言い出した

「あなた達は、神を恐れ、神に栄光を帰せなさい。神の裁きの日がやって来たからである。天と地と海と水の源を創造した御方に平伏して拝みなさい」

ほかの第二の御使いが続いて来て言いました。

「倒れた、倒れた、大いなるバビロン（※バビロニア帝国の首都、紀元前六〇〇年頃バビロンは首都となり、ハンムラビ王はメソポタミアを統一して世界的規模の帝国を築き上げた。紀元前五三九年ナボニドス王の時代、ペルシャ軍の攻撃を受けて首都バビロンは占領され、バビロニア帝国は滅亡した。バビロンでは、城壁、王宮、神殿、バベルの塔などの廃墟が見られるが、ここはヤハウェ教に敵対して世俗的に腐敗し堕落している世界的勢力の拠点を象徴したものである）が倒れた。神の激しい御怒りを引き起こし、不品行な行いをさせた葡萄酒を、あらゆる国民に飲ませた者達が倒れた」

また、第三の別の御使いが続いてやって来て、大声で言いました。

「獣とその像を拝み、その上、自分の額や手にその刻印を受けた者は、誰であろうと、神の怒りの杯に、混ぜ物の無い激しい神の怒りの葡萄酒を、杯に満たして飲ませられ、かつ、

聖なる御使い達と小羊の前で、火と硫黄によって苦しめられるであろう。その苦しみの煙は、世々限りなく立ち上るので、獣とその像を拝む者や、その名の刻印を受けている者達は、昼も夜も、おちおち休めないだろう。神の戒めを守り、主イエスを信じる信仰を持ち続ける聖徒達の忍耐はここにある」

私はまた、天からの声を聞いた。

「書きしるしなさい、『今から後、主にあって死ぬ人達は幸いである』。聖霊も言っておられます、『その通りです。彼等はその苦労から解放されて休むでしょう。彼等の行ないの結果は、彼等について行くからである』」

また、私が見ていると、ご覧なさい、白い雲が出て来ました。その雲の上に「人の子」のような御方が座しておられ、頭には金の冠をかぶり、手には研ぎ澄まされた鎌を持っていました。

すると、もう一人の御使いが天の聖所から出て来て、雲の上に座しておられる御方に向かい、大声で叫びました。

「どうぞ、あなたの鎌を入れて刈り取って下さい。地の穀物は良く実り、収穫の時が来たのです」

そして、雲の上に座している御方が、地に鎌を投げ入れると、地の穀物は刈り取られました。

また、もう一人の御使いが、天にある聖所から出て来ましたが、彼もまた、良く研がれた鋭い鎌を持っていました。その時、火を支配する権威を授かっている別の御使いが、祭壇から出て来て、鋭い鎌を持っている御使いに大声で言いました。

あなたの鋭い鎌を入れて、地の葡萄の房を収穫しなさい。葡萄の実は既に熟しています」

そこで、御使いはその鋭い鎌を地に刈り入れ、地の葡萄をすっかり刈り集めて、神の激しい怒りが込められている大きな搾り桶に投げ込みました。その搾り桶は都の郊外で踏まれましたが、搾り桶から流れ出た血は、馬のくつわに届くほどにもなり、千六百スタディオン（一スタディオン＝一八五メートル）にわたって広がりました。

もう一つの巨大なしるし
——七人の御使い——

「我また天に他の大なる怪しむべき徴《しるし》を見たり。即ち七人の御使《つかひ》ありて最後《いやはて》の七つの苦難を持てり、神の憤恚は之《これ》にて全うせらるるなり
我また火の混りたる玻璃の海《うみ》を見しに、獣《けもの》とその像とその名の數字《すうじ》とに勝《か》ちたる者《もの》ども、神の立琴を持ちて玻璃の海《うみ》の邊《ほとり》に立《た》てり。彼《かれ》ら神の僕モーセの歌《うた》と羔羊《こひつじ》の歌《うた》とを歌《うた》ひて言ふ『主なる全能の神よ、なんぢの御業《みわざ》は大なるかな、妙なるかな、萬國《ばんこく》の王《わう》よ、なんぢの道は義なるかな、眞《まこと》なるかな。主《しゅ》よ、たれか汝を畏れざる、誰《たれ》か御名《みな》を尊《たふと》ばざる、汝のみ聖なり、萬種の國人きたりて御前に拜せん、なんぢの審判は既《すで》に現《あらは》れたればなり』
この後われ見しに、天にある證《あかし》の幕屋《まくや》の聖所《せいじょ》ひらけて、かの七つの苦難《くるしみ》を持《も》てる七人《しちにん》の御使、きよき輝ける細麻布を著、金の帶《おび》を胸に束ねて聖所より出づ。四つの活物《いきもの》の一《ひと》つ、その七人の御使に世々限りなく生《い》きたまふ神の憤恚の滿ちたる七つの金《きん》の鉢《はち》を與《あた》へしか

ば、聖所は神の栄光とその権力とより出づる煙にて満ち、七人《しちにん》の御使の七つの苦難の終《をは》るまでは誰も聖所に入ること能はざりき」（第十五章一～八節）

【解釈】

神はまた、天にもう一つの大きく怪しげなしるしを見せました。七人の御使いが、最後の七つの災害を携えてやって来ていたのです。

これらの災害で、神の激しい怒りは頂点に達し、全うされるのです。

私が、火の入り混じったガラスのような海を見ると、獣とその像と、その名を示す数字に打ち勝った人達が、神の竪琴を手に持って、このガラスのような海辺に立っていました。彼等は神の僕モーセ（紀元前十三世紀ごろのイスラエルの人達の信仰の指導者）の歌と小羊の歌を歌ってこう言いました。

「全能者である主なる神よ、あなたのみわざは偉大であり、驚くべきものであります。

万民の王よ、あなたの道は正しく、真実であります。

主よ、あなたを恐れず、御名をほめ称えない者が、誰かいるでしょうか。

あなただけが聖なる御方であり、あらゆる国民がやって来て、あなたを伏し拝むでありましょう。

あなたの正しい裁きが、明らかにされるに至ったからであります」

その後、私が見ていると、天にある「証しの幕屋」の聖所が開かれ、その中から七つの災害を携えている七人の御使いが出て来ました。彼等は、それぞれ清い光り輝く亜麻布を身にまとい、金の帯を胸に締めていました。

それから、四つの生き物の一つが、世々限りなく生きておられる神の御怒りの満ち満ちた七つの金の鉢を、七人の御使い達に渡しました。すると聖所は、神の栄光とその力とによって立ち上る煙で一杯になり、七人の御使い達の七つの災害が完了するまでは、誰も聖所に入ることができませんでした。

――七つの災害――

「我また聖所より大なる聲ありて七人の御使《みつかひ》に『往きて神の憤恚《いきどほり》の鉢《はち》を地《ち》の上《うへ》に傾《かたむ》け

よ』と言ふを聞けり。

斯《かく》て第一《だいいち》の者ゆきて其の鉢を地の上に傾けたれば、獸の徽章《しるし》を有てる人々と其の像《ざう》を拜する人々との身に惡しき苦しき腫物《しゅもつ》生じたり。

第二の者その鉢を海の上に傾けたれば、海は死人の血の如《ごと》くなりて海にある生物《いきもの》ことごとく死にたり。

第三の者その鉢を河と水の源泉との上《うへ》に傾けたれば、みな血《ち》となれり。われ水を掌どる御使の『いま在し昔いませる聖なる者《もの》よ、なんぢの斯く定め給《たま》ひしは正しき事なり。彼らは聖徒と預言者との血を流したれば、之《これ》に血を飮ませ給ひしは相應しきなり』と云へるを聞けり。我また祭壇の物言ふを聞《き》けり『然り、主なる全能《ぜんのう》の神《かみ》よ、なんぢの審判は眞なるかな、義《ぎ》なるかな』と。

第四の者その鉢を太陽の上に傾けたれば、太陽は烈しき火もて人《ひと》を燒《や》くことを許《ゆる》さる。斯《かく》て人々烈しき熱に燒かれて、此等の苦難を掌どる權威を有《も》ちたまふ神の御名を瀆し、かつ悔改めずして神《かみ》に榮光を歸せざりき。

第五の者その鉢を獸の座位の上に傾けたれば、獸の國暗《くにくら》くなり、その國人痛によりて己《おのれ》の舌を齧み、その痛と腫物《しゅもつ》とによりて天の神を潰し、かつ己《おの》が行爲《おこなひ》を悔改《くいあらた》めざりき。

第六の者その鉢を大なる河《かは》ユウフラテの上に傾《かたむ》けたれば、河の水涸《みづか》れたり。これ日《ひ》の出づる方より來る王たちの途を備《そな》へん爲《ため》なり。我《われ》また龍の口より、獸《けもの》の口《くち》より、僞預言者《にせよげんしゃ》の口より、蛙のごとき三つの穢《けが》れし靈《れい》の出《い》づるを見《み》たり。これは徴《しるし》をおこなふ惡鬼《あくき》の靈《れい》にして、全能の神の大なる日の戰鬪《たたかひ》のために全世界《ぜんせかい》の王等を集めんとて、その許《もと》に出《い》で行くなり。

（視よ、われ盗人のごとく來らん、裸にて歩み羞所を見らるること莫《な》からん爲《ため》に、目《め》を覺してその衣を守る者は幸福《さいはひ》なり）かの三《み》つの靈、王たちをヘブル語にてハルマゲドンと稱ふる處に集めたり。

第七の者その鉢を空中に傾《かたむ》けたれば、聖所より、御座より大なる聲いでて『事《こと》すでに成れり』と言ふ。斯て數多の雷光《いなづま》と聲と雷霆《いかづち》とあり、また大なる地震《ぢしん》おこれり、人《ひと》の地《ち》の上に在りし以來かかる大なる地震《ぢしん》なかりき。大なる都は三つに裂《さ》かれ、諸國《しょこく》の町々《まちまち》は倒れ、大なるバビロンは神の前《まへ》におもひ出《いだ》されて、劇しき御怒の葡萄酒《ぶだうしゅ》を盛りたる酒杯《さかづき》を與《あた》へられたり。凡《す》ての島は逃げさり、山《やま》は見《み》えずなれり。また天《てん》より百斤《ひゃくきん》ほどの大《おほい》なる雹、人々の上に降りしかば、人々雹の苦難によりて神を瀆せり。是《これ》その苦難甚だしく大《おほい》なればなり」（第十六章十七〜二十一節）

【解説】

私はまた、聖所から大きな声で「さあ、行きなさい。そして神の激しい怒りの入った七つの鉢を、地に向けて傾けなさい」と七人の御使いに話しかけているのを聞きました。そこで第一の御使いが出発して、その鉢を地の上に傾けました。すると、獣の刻印のついた人々と、獣の像を拝む人々の身体に、ひどい悪性の腫瘍ができました。

次に、第二の御使いが鉢を海に傾けました。すると、海は死者の血のように変わり、海の中の生き物は皆、死んでしまいました。

第三の御使いはその鉢を多くの川とそれらの水源に傾けました。すると、水は変わって血に変わりました。水を司る御使いがこう言いました。

「今おられ、昔おられた聖なる御方様。あなたがこのようなお裁きをなされたことは、正しいことです。彼等はキリスト信者達や予言者達の血を流したのですから、彼等が血を飲まされるのは当然でしょう」

私はまた、祭壇の方から声がするのを聞きました。

「その通りです。主なる万能の神様、あなたの裁きは真実であり、且つ、全く正しい」

第四の御使いがその鉢を太陽の上に傾けました。すると、太陽は火で地上の人達を焼くことが許され、人々は激しい炎熱で焼かれました。その際、人々はこれらの災害を凡て支配する神を冒瀆し、悔い改めて神に栄光を帰すことはありませんでした。

第五の御使いがその鉢を獣の座の上に傾けました。すると獣の国は、突然暗くなり、その国の人々は苦しみのあまり舌を噛みました。その傷みと腫れ物のため、天の神に向かって冒瀆の言葉を吐くだけで、自分の行ないを悔い改めようとはしませんでした。

第六の御使いがその鉢を大河ユーフラテスの上に傾けました。すると、川の水は涸れてしまいました。それは、日の出ずる方からやって来る王達のために道を準備するためです。

私はまた、龍の口と、獣の口と、偽予言者の口から、蛙のような三つの汚れた霊達が出て行くのを見ました。

これらは、しるしを行なう悪霊達でありまし、全能の神が決める大いなる戦いに備え、全世界の王達を集めようと、彼等のところへ出かけるためでした。

「良くご覧なさい。私は盗人のように、こっそりやって来ます。裸で歩いて恥部を見られるような恥をかかないように、常に注意して着物を身にまとっている者は幸いであります）

あの三つの悪霊は、ヘブル語でハルマゲドン（※メギドの丘のこと）と戦場として知られるという場所に、王達を集めました。

第七番の御使いが、その鉢を空中で傾けました。すると、聖所の中の御座から大きな声が聞こえて来ました。

「事は既に成就した」

その時、稲妻の閃光と声と雷鳴があり、大地震が起こりました。その地震は人間が地上に現われて以来、かつて経験したことのない激しさでありました。そのため、大いなる都は三つに裂かれ、諸国にある町々は破壊されました。

（都は大バビロン（※ユーフラテス河畔にあったバビロニア帝国の首都）のこと、B.C.六世紀、新バビロニア帝国のネブカドネツァルの治世に最も繁栄しました。B.C.五九八年ユダの住民の一部がバビロンに連れて行かれるという事件が起きました。ここでは、キリスト教に敵対し、世俗的に腐敗した世界勢力の中心地を指す）のことを良く覚えていて、激しい怒りの込められた、苦い葡萄酒の杯を与えたのでした。

凡ての島々は逃げ去り、山は見えなくなりました。また、天より、タラントン（※ギリシャで用いられた高額な通貨の単位で、六〇〇〇ドラクメに相当する――一ドラクメは約四・三グラムの銀貨で、ローマのデナリオンと等価であり、勤労者の一日分の報酬である）ほどもある大きな雹が、人々の上に降り注ぎました。人々はこれら雹の災害により、神に冒瀆の言葉を吐きました。なぜなら、この災害があまりにも大きかったからであります。

――大淫婦への裁きの序曲――

「七つの鉢を持てる七人の御使《つかひ》の一人きたり我《おれ》に語りて言《い》ふ『來れ、われ多《おほ》くの水《みづ》の上《うへ》に坐する大淫婦の審判を汝に示《しめ》さん。地《ち》の王等《わうたち》は之と淫をおこなひ、地《ち》に住《す》む者《もの》らは其《そ》の淫行の葡萄酒に醉ひたり』斯て、われ御霊《たま》に感じ、御使に携へられて荒野《あらの》にゆき、緋色《ひいろ》の獸に乘れる女《をんな》を見たり。この獸の體は神を瀆す名にて覆《おほ》われ、また七つの頭と十の角《つの》とあり。女は紫色と緋とを著、金・寶石・眞珠にて身を飾り、手《て》には憎むべきものと己《おの》が淫行の穢れとに滿ちたる金の酒杯を持ち、額には記されたる名《な》あり。曰く『奧義大なるバビロン、地の淫婦らと憎むべき者との母』我この女を見るに、聖徒の血とイエスの證人《しょうにん》の血に醉ひたり。我これを見て大に怪しみたれば、御使われに『なにゆゑ怪しむか、我この女と之を乘せたる七つの頭、十の角ある獸との奧義《おくぎ》を汝に告げん。なんぢの見し獸は前に有りしも今あらず、後に底なき所より上りて滅亡《ほろび》に往かん。地に住む者《もの》にて世の創より其の名を生命の書に記されざる者は、獸の前《さき》にありて今あらず、後に來《きた》るを見て怪しまん。智慧の心は茲にあり、七つの頭は女の坐《ざ》する七つの山なり、また七人の王なり。五人は既に倒れて一人は今あり、他の一人は未《いま》だ來《きた》らず、來らば暫時のほど止まるべきなり。前に有りて今あらぬ獸は第八なり、前の七人より出でたる者《もの》にして滅亡に往くなり。汝の見し十の角は十人の王にして未だ國を受けざれども、一時《ひととき》のあひだ獸と共に王のごとき權威を受くべし。彼らは心を一つにして己が能力と權威《けんゐ》とを獸に與へたり。彼らは羔羊と戰はん。而して羔羊かれらに勝ち給《たま》ふべし、彼は主の主、王《わう》の王《わう》なればなり。これと偕なる召されたるもの、選《えら》ばれたるもの、忠實なる者も勝を得べし』御使《みつかひ》また我《われ》に言《い》ふ『なんぢの見し水、すなはち淫婦《いんぷ》の坐《ざ》する處《ところ》は、もろもろの民・群集《ぐんしゅう》・國《くに》・國語《くにことば》なり。なんぢの見し十の角と獸とは、かの淫婦《いんぷ》を憎《にく》み、之をして荒涼ばしめ、裸《はだか》ならしめ、且その肉を喰ひ、火をもて之を焼き盡さん。神は彼らに御旨を行ふことと、心《こころ》を一《ひと》つにすることと、神の御言の成就するまで國《くに》を獸に與ふることを思はしめ給《たま》ひたればなり。なんぢの見し女は地の王たちを宰《つかさ》どる大《おほい》なる都なり』」（第一七章一～一八節）

【解釈】

それから、七つの鉢を持っている七人の御使いのうちの一人が私に近づき、話しかけて来ました。

「こちらに来なさい。満ち溢れんばかりの水の上に座っている、大淫婦に対する裁きをお見せしましょう。地上の王達はこの女と淫行をなし、地に住む人達もこの女との淫行と葡萄酒に酔いしれたのです」

そして、御使いは、御霊を感じた私を、荒野へと導いて行きました。そこで、一人の女が、緋色の獣に乗っているのを見ました。この獣の体は、神を汚す名で覆い尽くされており、七つの頭と十の角がついていました。

この女は紫色と緋色の衣を身にまとい、金と宝石と真珠で身を飾り、手には憎むべきものと自分の淫行の汚れで一杯になった金の杯を持ち、その額には名が書かれていました。

「意味の秘められた大バビロン、地の淫婦達と憎むべき者達の母」と。

私が良く見ると、この女はキリスト信者の流した血と、イエスの証人の血に酔っていたのです。

私がこれらを見て、驚き怪しんでいると、御使いが私に言いました。

「どうしてそんなに不思議だと思うのですか。それでは、この女と、彼女を乗せていた七つの頭と十の角ある獣との秘密を、あなたにお話ししましょう。

あなたの見た獣は、昔はおりましたが、今はおりません。やがて底知れないところから這い上がって来ますが、遂には滅びに到るでしょう。地に住む人達の中で、世の始めよりこのかた、「いのちの書」にその名が記されていない者どもは、この獣が、昔はいたが今はおらず、やがてまた現われるのを見て、さぞ驚き怪しむことでしょう。

ここに智恵の心が必要なのです。七つの頭は、この女が座っている七つの山のことで、それはまた、七人の王たちのことであります。そのうち既に五人は倒れてしまったが、一人は今も健在で、他の一人はまだ来ておりません。彼が来れば、しばらくの間とどまることになるでしょう。

昔はいたが今はいないという獣は、第八番目ということになりますが、実はかの七人の中の一人でありましが、遂には滅ぶことになっています。

あなたが見た十本の角は、十人の王達であり、彼等は、未だ国を授かってはおりませんが、獣と共に、一時の間だけ王としての権威を受けるのです。彼等は心を一つにしてまとまっており、自分達の力と権威をその獣に与えます。

彼等は小羊に戦いを挑みますが、小羊は、主の主、王の王でありますから、彼等は打ち負かされます。また、小羊と共にいる召された者達、選ばれし人々、忠実な者達も、小羊と共に勝利を得るのです」

御使いはまた、私に言いました。

あなたが見た淫婦が座っている場所は、もろもろの民族、群集、国民、および国語の人達を意味しています。

あなたが見た十本の角即ち十人の王達と獣はこの淫婦を憎んで彼女を荒廃させ、裸にし、その肉を食い、最後は彼女を火で焼き尽くすようになるでしょう。

それは神がその御言葉の成就する時までは、一時的に神の御旨を行なうとする気持を、彼等の心に起こさせ、彼等が心を一つにして、国の統治権を獣に与えるように仕向けたからです。

あなたが見た彼女は、地上の王達を支配する大いなる都（※反キリストの拠点）なのです。


――淫婦への刑罰――

この後われ他の一人の御使の大なる権威を有ちて天より降《くだ》るを見しに、地はその榮光《えいくわう》にて照されたり。かれ強き聲にて呼はりて言ふ「大なるバビロンは倒れたり、倒《たふ》れたり、かつ悪魔の住家、もろもろの穢れたる霊の檻、もろもろの穢《けが》れたる憎むべき鳥の檻《をり》となれり。もろもろの國人はその淫行の憤恚《いきどほり》の葡萄酒を飲み、地の王《わう》たちは彼《かれ》と淫《いん》をおこなひ、地の商人らは彼の奢の勢力によりて富みたればなり』また天《てん》より他《ほか》の聲《こゑ》あるを聞《き》けり。曰く『わが民よ、かれの罪に干らず、彼《かれ》の苦難を共に受けざらんため、その中《うち》より出でよ。かれの罪は積りて天《てん》にいたり、神《かみ》その不義を憶え給ひたればなり。彼《かれ》が爲《な》しし如く彼に爲し、その行爲に應じ、倍《ばい》して之《これ》に報い、かれが酌み與へし酒杯《さかづき》に倍《ばい》して之《これ》に酌與《くみあた》へよ。かれが自ら尊び、みづから奢《おご》りしと同《おな》じほどの苦難と悲歎とを之《これ》に與《あた》へよ。彼《かれ》は心《こゝろ》のうちに「われは女王の位に坐する者にして寡婦《やもめ》にあらず、決して悲歎《かなしみ》を見《み》ざるべし」と言ふ。この故に、さまざまの苦難、一日のうちに彼の身にきたらん。即《すなは》ち死《し》と悲歎《かなしみ》と饑饉《ききん》となり。彼また火にて燒き盡されん、彼《かれ》を審《さば》きたまふ主たる神は强ければなり。彼《かれ》と淫《いん》をおこなひ、彼とともに奢りたる地《ち》の王たちは、其の燒かるる煙を見《み》て泣《な》きかつ歎《なげ》き、その苦難を懼れ、遙に立ちて「禍害《わざはひ》なるかな、禍害なるかな、大なる都、堅固《けんご》なる都《みやこ》バビロンよ、汝の審は時の間《ま》に來《きた》れり」と言はん。地の商人かれが爲《ため》に泣《な》き悲《かな》しまん、今《いま》より後その商品を買ふ者なければなり。その商品は金・銀・寶石・眞珠《しんじゅ》・細布《ほそぬの》・紫色《むらさき》・絹・緋色および各樣の香木、また象牙のさまざまの器、價貴き木《き》、眞鍮《しんちゅう》・鐵《てつ》・鑞石《らふせき》などの各様の器、また肉桂・香料・香・香油・乳香・葡萄酒《ぶどうしゅ》・オリブ油・麦粉・麦・牛《うし》・羊・馬・車・奴隷および人の霊魂なり。なんぢの心の嗜《たし》みたる果物は汝を去り、すべての美味・華美なる物は亡びて汝を離れたり、今より後これを見《み》ること無かるべし。これらの物を商ひ、バビロンに由りて富を得たる商人らは其《そ》の苦難《くるしみ》を懼れて遙に立ち、泣《な》き悲しみて言はん『禍害なるかな、禍害なるかな、細布と紫色《むらさき》と緋《ひ》とを着、金・宝石・眞珠《しんじゅ》をもて身を飾りたる大なる都、斯ばかり大なる富の時《と》の間《ま》に荒涼げなるとは』而して凡《すべ》ての船長、すべての海をわたる人々、舟子および海によりて生活《すぎはひ》を為すもの遙に立《た》ち、バビロンの焼かるる煙を見て叫び『いづれの都か、此の大《おほい》なる都《みや》に比ぶべき』と言《い》はん。塵をおのが首に被りて泣き悲しみ叫びて『禍害なるかな、禍害《わざはひ》なるかな、此《こ》の大なる都、その奢によりて海に船を有てる凡ての人の富を得《え》たる都《みや》、かく時の間に荒涼《あれすさ》は在けり』と言はん。天よ、聖徒・使徒・預言者よ、この都《みやこ》につき喜べ、神なんぢらの為に彼を審き給ひたればなり』

爰に一人の強き御使、大なる碾臼のごとき石を擡げ海に投《な》げて言《い》ふ『おほいなる都《みやこ》バビロンは斯のごとく烈しく撃ち倒されて、今より後見えざるべし。今よりのち立琴を弾《ひ》く者、楽を奏する者、笛を吹く者《もの》、ラッパを鳴す者の聲なんぢの中《うち》に聞《きこ》えず、今《いま》より後《のち》さまざまの細工をなす細工人なんぢの中に見《み》えず、碾臼の音なんぢの中《うち》に聞《きこ》えず、今《いま》よりのち燈火の光なんぢの中に輝かず、今よりのち新郎、新婦の聲なんぢの中《うち》に聞《きこ》えざるべし。そは汝の商人は地の大臣となり、諸《もろ》種の國人《くにびと》は、なんぢの呪術に惑《まどは》され、また預言者《よげんしゃ》・聖徒および凡て地の上に殺されし者の血《ち》は、この都の中に見出されたればなり』（第一八章二一～二四節）

【解釈】

この後、私はもう一人の御使いが、大いなる権威を持って、天から降りて来るのを見ました。地はその栄光によって急に明るく照らされました。

彼は力強い声で叫んで言いました。

「倒れたぞ、大バビロンが倒れたぞ。バビロンは、悪魔の住家、あらゆる汚れた霊達の巣窟、もろもろの汚れた憎むべき鳥たちの巣であった。それは、凡ての国民が、彼女の淫行に対する神の激しい御怒りの葡萄酒を飲み、地上の王達は彼女と姦淫をなし、また、商人商は、彼女の極度の贅沢によって富を得たからである」

私はまた、天からもう一つの声がするのを聞きました。

「我が民よ、彼女から離れなさい。そして彼女と同じ罪にあずからないようにし、その災害に巻き込まれないようにするためです。彼女の罪は、積もり積もって天にまで達しており、神はその不品行を覚えています。

あなた達は、彼女がした通りにそっくり彼女に返し、その行ないに応じて二倍にして報復しなさい。彼女が汲んだ杯を、二倍にして彼女に返杯しなさい。彼女が自らを誇り、贅沢の限りを尽くしたのと同じだけの苦しみと悲しみとを、彼女に与えなさい。

彼女は心の中で『私は女王の位に就いている者であって、未亡人ではない。だから、決して悲しむことはないだろう』と言うでしょう。しかしながらそれ故に、さまざまな災害が、一日のうちに彼女の上に襲いかかります。それは、死と悲しみと飢えです。

最後に彼女は、火で焼き尽くされます。彼女を裁く主なる神は、力強い御方であるからです。」

彼女と淫行をなし、彼女と共に贅沢の限りを尽くした地上の王達は、彼女が火で焼かれる煙を見て、泣き、悲しみ、彼女の苦しみの様に恐れおののき、遠くに離れて言います。

「禍がやって来た。禍がやって来た。大いなる都、堅固なる都であったバビロン、あなたへの裁きは一瞬のうちにやって来た」

また、地上の商人達も、彼女のために泣き悲しみます。と言うのも、もはや彼等の商品を買う者が、誰もいなくなったからです。

その商品とは、金、銀、宝石、真珠、細布、紫布、絹、緋布、各種の香木、様々な象牙《ぞうげ》細工、高価な木材、真鍮、鉄、鑞《ろう》石等で作った色々な器、肉桂、香料、香、香油、乳香、葡萄酒、オリーブ油、麦粉、麦、牛、羊、馬、車、奴隷および人の命です。

あなたが心から好きであった果物は無くなり、あらゆる美味なるものや、華麗なるものはあなたから消え去り、今後は決してこれらのものを見出すことはできないでしょう。

これらの物を取引きして、バビロンから富を得ていた商人達は、彼女の苦しむ様に恐れを抱き、遠くに離れ、泣き悲しんで言います。

『禍がやって来た、禍がやって来た。細布と紫布と緋布を着て、金、宝石、真珠で身を飾りたてていた大いなる都、あれほどの富が、一瞬のうちに荒廃してしまうとは』

また、凡ての船長や、航海する人々、水夫達、ならびに海によって生活する人々は、遙かに遠く離れて、バビロン（※世界勢力の中心地）の焼かれる火の煙を見て叫んで言います。

「これほどの大いなる都が、ほかにあったであろうか」と。

彼らはまた、頭に塵を被りながら、泣き悲しんで叫びます。

『禍いなるかな、この大いなる都よ。都の富によって、海に舟を持っている人達は皆、富を得ていたのに、こんなに速く一瞬にして荒れ廃れてしまうとは』

だが、キリスト教徒達よ、御使い達よ、予言者達よ、この都のことで大いに喜びなさい。

父なる神があなたがたのために、この都を裁き給うたからであります」

また、一人の強大な御使いが、大きな石臼のような石を持ち上げ、それを海に投げ入れて言いました。

「大いなる都バビロンは、このように激しく打ち壊されて、全く姿を消してしまいました。

今後、竪琴をひく者、歌を歌う者、笛を吹く者、ラッパを鳴らす者などの賑やかな声を、お前は再び聞くことはない。

種々の技術を持った職人たちも姿を消し、活気あるひき臼の音も、今後は聞こえない」ともし火の光も、この都の中では輝かず、新郎、新婦の晴れやかな声も、今後おまえが聞くことはないであろう。

と言うのも、おまえの商人達は、地上で権力者となり、あらゆる国民が、おまえの魔術にだまされていたからである。その上、予言者、キリスト信者、地上で殺された凡ての人達の血が、この都の中で見出されたからである」

――小羊の婚姻と獣への裁き――

「この後われ天に大なる群集の大聲《おほごゑ》のごとき者ありて、斯《か》く言ふを聞《き》けり、曰《いは》く『ハレルヤ、救と榮光と權力とは、我《われ》らの神《かみ》のものなり。その御審は眞にして義《ぎ》なるなり、己《おの》が淫行をもて地を汚したる大淫婦《だいいんぷ》を審き、神の僕らの血の復讐を彼《かれ》になし給《たま》ひしなり』また再び言ふ『ハレルヤ、彼《かれ》の燒《や》かるる煙は世々限りなく立ち昇るなり』爰《ここ》に二十四人《にじふよにん》の長老と四つの活物と平伏して御座《み》に坐《ざ》したまふ神を拜し、『アアメン、ハレルヤ』と言《い》へり。また御座より聲出でて言《い》ふ『すべて神《かみ》の僕《しもべ》たる者の、神を畏《おそ》るる者《もの》よ、小《せう》なるも大《だい》なるし、我らの神を讃め奉れ』われ大なる群衆の聲に似て多くの水《みづ》のごとく、烈しき雷霆《いかづち》の聲の如きものを聞けり。曰く『ハレルヤ、全能の主、われらの神《かみ》は統治しめす、われら喜《よろこ》び樂しみて之に榮光を歸し奉らん。そは羔羊の婚姻の時いたり、既にその新婦みづから準備したればなり。彼は輝ける潔き細布を著ることを許されたり、此の細布は聖徒たちの正しき行爲なり』

御使また我に言ふ『書き記せ、羔羊の婚姻の披露宴に招かれたる者は幸福なり』と。また我に言ふ『これらは神の眞の言なり』我その足下に平伏して拜《はい》せんとしたれば、彼《かれ》われに言ふ『愼みて然すな、我は汝および イエスの證を保つ汝《なんぢ》の兄弟らと共に僕たるなり なんぢ神を拜せよ、イエスの證は即ち預言の靈なり』

我また天の開けたるを見しに、視よ、白き馬あり、之に乘りたまふ者は「忠實また眞《まこと》」と稱へられ、義をもて審き、かつ戰ひたまふ。

彼の目は焔のごとく、その頭には多くの冠冕あり、また記《しる》せる名《な》あり、之を知る者は彼《かれ》の他になし。彼は血に染みたる衣を纏ひ、その名は「神の言《ことば》」と稱へらる。天に在る軍勢《ぐんぜい》は白く潔き細布を著、白き馬に乘りて彼にしたがふ。彼の口より利き劍《つるぎ》いづ、之をもて諸國《こく》の民をうち、鐵の杖をもて之を治《をさ》め給《たま》はん。また自《みづか》ら全能の神の烈しき怒《いかり》の酒槽《さかぶね》を践《ふ》みたまふ」その衣と股とに「王の王《わう》、主の主《しゅ》」と記せる名あり。

我また一人の御使の太陽のなかに立てるを見たり。大聲に呼はりて、中空《なかぞら》を飛《と》ぶ凡《すべ》ての鳥に言ふ『いざ神の大なる宴席《ふるまひ》に集《つど》ひきたりて、王たちの肉、將校の肉、強《つよ》き者《もの》の肉《にく》、馬と之に乗る者との肉、すべての自主《じしゅ》および奴隷《どれい》、小なるもの大なる者《もの》の肉《にく》を食《くら》へ』

我また獣と地の王たちと彼らの軍勢とが相集《あひあつま》りて、馬に乗りたまふ者および其《そ》の軍勢《ぐんせい》に對ひて戦闘を挑むを見たり。かくて獣《けもの》は捕へられ、又その前に不思議《ふしぎ》な行《おこな》ひて獣《けもの》の徽章を受けたる者と、その像を拝《はい》する者とを惑したる偽預言者も、之とともに捕《とら》へられ、二つながら生きたるまま硫黄の燃ゆる火の池《いけ》に投《な》げ入れられたり。その他《ほか》の者《もの》は馬《うま》に乗《の》りたまふ者の口より出づる剣にて殺《ころ》され、凡《すべ》ての鳥《とり》その肉を食ひて飽《あ》きたり」（第一九章一一〜二一節）

【解釈】

この後、私は、天の大群衆が大声で、こう言っているのを聞きました。

「ハレルヤ（※ヘブライ語のハレルーヤーや「主をほめたたえよ」という意味）、救いと栄光と力とは、われらの神のものである。

その裁きは、真実で正しい。神は淫行で地を汚した大淫婦を裁き、神の僕たちが流した血の復讐を彼女になされたからである」

再び彼等の声がありました。

「ハレルヤ、大淫婦が焼かれる煙は、世々限りなく立ち昇るであろう」

すると、二十四人の長老と四つの生き物がひれ伏して、御座に着いておられる神を拝して「アーメン、ハレルヤ」と言いました。

その時、御座の方から声が聞こえてきました。

「すべての神の僕たち、神を畏れる者たちよ。小さき者も大いなる者も、我らの神を賛美しなさい」

私はまた、大群衆の声が、多くの水の流れる音のように、あるいは激しい雷鳴のように響くのを聞きました。

「ハレルヤ、全能なる我らの主なる神よ、あなたは王として支配者であります。

私達は喜び楽しんで、神を崇め奉ります。小羊の婚姻の時が来、花嫁は既にその準備が出来たからです。彼女は光り輝く清い細布を着ることを許されました。

その細布とは、聖徒たちの正しい行ないであります」

御使いはまた、私に言いました。「書き記しなさい。小羊の婚宴に招待された者達は幸いである」と。更に、「これは神の真実の言葉である」とも付け加えました。

そこで私は、彼を拝もうとして、その足もとにひれ伏しました。すると彼は言いました。

「そんなことをしてはなりません。私は、あなたやキリストの証し人であるあなたの兄弟達と同じ神の僕です。ただ神だけを礼拝しなさい。キリストの証しとは、予言する聖霊である」

私はまた、天が開かれるのを見ました。ご覧なさい。白い馬がいます。その馬に乗っている御方は「忠実で真実なる者」と呼ばれ、義によって裁き、かつ戦われる御方でありま す。

彼の目は燃える炎のようであり、その頭には多くの王冠があって、彼以外は誰も知らないう名が書き記されていました。彼は血で染まった衣を身にまとい、その名は「神の御言葉」と呼ばれました。

天にいる軍勢は、純白で清い細布を着て、馬に乗って彼に従っていました。彼の口からは、諸国民を征服するための鋭い剣が出ていました。また、彼は鉄の杖を持って、彼等を統治するでしょう。彼は自ら全能なる神の激しい怒りの搾り桶を踏み付けました。彼の衣とその腿には、「王の王、主の主」という名が記されていました。

その時、私は一人の御使いが、太陽の中に立っているのを見ました。彼は大声で、中空を飛んでいる凡ての鳥に向かって言いました。

「さあ、神が主宰する大宴会に集まって来なさい。そして、王達の肉、将軍らの肉、勇者達の肉、馬とこれに乗る者達の肉、ならびに自由人や奴隷の肉、小さい者や大いなる者達の肉等、凡ての肉を食べなさい」

私はまた、獣と地上の王達と彼等の軍勢とが集合して、馬に乗っている御方とその軍勢に対し、戦いを挑むのを見ました。その結果、獣は捕らえられ、その面前で印を為して、獣の刻印を人々に受けさせたり、獣の像を拝むように人々を誘惑したあの偽予言者に捕えられました。そして、この二つは生きたまま、硫黄の燃え盛る火の池に投げ込まれました。

残った他の者達も、馬に乗っておられる御方の口から出ている剣によって殺され、招かれた凡ての鳥達は、彼等の肉を、飽きるまで食べました。

――龍への裁きと白い御座の裁き――

「我《われ》また一人《ひとり》の御使《みつかひ》の底《そこ》なき所《ところ》の鍵《かぎ》と大《おほい》なる鎖《くさり》とを手《て》に持《も》ちて、天《てん》より降《くだ》るを見《み》たり。彼《かれ》は龍《たつ》、すなはち悪魔《あくま》たりサタンたる古《ふる》き蛇《へび》を捕《とら》へて、之《これ》を千年《せんねん》のあいだ繋《つな》ぎおき、底《そこ》なき所《ところ》に投《な》げ入《い》れ閉《と》ぢ込めて、その上《うへ》に封印《ふういん》し、千年《せんねん》の終《をは》るまでは諸國《しょこく》の民《たみ》を惑《まどは》すこと勿《なか》らしむ。

その後《のち》、暫時《しばし》のあひだ解《と》き放《はな》さるべし。

我《われ》また多《おほ》くの座位《くらゐ》を見《み》しに、之《これ》に坐《ざ》する者《もの》あり、審判《さばき》する權威《けんゐ》を與《あた》へられたり。我《われ》またイエスの證《あかし》および神《かみ》の御言《みことば》のために馘《くびき》られし者《もの》の靈魂《たましひ》、また獸《けもの》をもその像《ざう》をも拝《はい》せず己が額あるひは手にその印章を受けざりし者どもを見たり。彼《かれ》らは生きかへりて千年《せんねん》の間キリストと共《とも》に王となれり。その他の死人は千年の終《をは》るまで生きかへらざりき。これは第一の復活なり。幸福なるかな、聖なるかな、第一の復活《よみがへり》に干《あづか》る人。この人々に對《たい》して第二の死は權威を有たず、彼らは神とキリストとの祭司となり、キリストと共に千年のあひだ王たるべし。

千年終りて後サタンは其の檻より解き放たれ、出でて地の四方《しはう》の國民、即ちゴグ、マゴグとを惑し戰鬪のために之を集めん、その數は海の砂のごとし。斯《かく》て彼らは地の全面に上《あが》り、聖徒たちの陣營と愛せられたる都とを圍みしが、天より火くだりて彼らを焼き盡し、彼《かれ》らを惑したる悪魔は、火と硫黄との池に投げ入れられたり。ここは獸も偽預言者もまた居る所にして、彼らは世々限りなく晝も夜も苦しめらるべし。

我また大なる白き御座および之に座し給ふものを見たり。天《てん》も地もその御顔の前を遁《のが》れて跡だに見えずなりき。我また死にたる者の大なるも小なるも御座の前に立てるを見《み》たり。

而して數々の書展かれ、他にまた一つの書ありて展かれ、即《すなは》ち生命の書なり。死人は此等《これら》の書に記されたる所の、その行爲《おこない》に随《したが》ひて審《さば》かれたり。海《うみ》はその中《なか》にある死人《しにん》を出《いだ》し、死も陰府もその中にある死人を出したれば、各自《おのおの》その行爲《おこない》に随ひて審《さば》かれたり。斯《かく》て死も陰府も火の池に投げ入れられたり、此《こ》の火の池は第二の死なり。すべて生命《いのち》の書《ふみ》に記《しる》されぬ者は、みな火の池に投げ入れられたり」（第二〇章一一〜一五節）

【解釈】

私はまた、一人の御使いが、底が知れないほど深い場所を開く鍵と、大きな鎖を手に持って、天から降りて来るのを見ました。彼は、龍、即ち、悪魔でありサタンであるかの古い蛇を捕えて、千年の間これを縛り置きました。それは底知れぬ深い場所に閉じ込めて鍵をかけ、千年の期間が終るまでは、決して諸国民を惑わすようなことがないようにするためであります。しかし、その後暫くの間だけ龍は解放されることになるでしょう。

また私は、沢山の座が設けられ、それぞれその上に座っている者達を見ました。彼等には裁きをする権威が与えられていました。

私はまた、主イエスの証しと神の御言葉を教え伝えたために、首を切られた人々の霊魂や、獣やその像を礼拝せず、その額や手に押されていない人達の霊魂を見ました。彼等は生き返って、キリストと共に千年の間、この世の支配者となるのです。その他の死者は、千年の期間が完了するまで生き返りません。これは第一の復活です。この第一の復活にあずかる人達は、幸いであり、聖なる者達であります。この人々に対し、第二の死は何の効力もありません。彼等は神とキリストのための祭司となって、キリストと共に千年の間、王となるでしょう。

千年の期間が過ぎ、サタンはその牢獄から解き放たれ、地の四方に暮している諸国民、すなわちゴグ（※マゴグの王――エゼキエル書の中で予言されている）とマゴグ（※黒海付近に住んでいた人々）を惑わせようと出かけて行きました。

そして、彼等を戦争のために招集しました。

その数は、海辺の砂のように数え切れません。彼等は地上全面に満ち満ちて、キリスト教徒達の陣営と愛されている都を包囲しました。

その時、天から火が降り注ぎ、彼等を焼き尽くしました。また彼等を惑わしていた悪魔は捕らえられ、火で燃え盛る硫黄の池に投げ込まれました。この池は、獣や偽予言者もいるところで、彼等は世々限りなく、昼も夜も、苦しめられるでありましょう。

私はまた、大きな白い御座とそこに座しておられる御方を見ました。天も地も恐れをなし、その御顔の前から逃げ去って、あとかたもなくなりました。

また私は、死んでいた人々が、大きい者も小さい者も、御座の前に並んで立っているのを見ました。

そこでは、数々の書物が開かれましたが、他にもう一つ別の書物が開かれました。それは「いのちの書」でありました。死人はこれらの書物に書かれていることに従い、各自の生前の行ないに応じて裁かれました。

海はその中にいる死人を差し出し、死も黄泉もその中にいる死人を差し出したので、凡ての死人はそれぞれの行ないに従って裁かれました。それから、死も黄泉も共に、火の池に投げ込まれました。この火の池が第二の死であります。この「いのちの書」にその名が書き記されていない者は皆、この火の池に投げ込まれたのです。

――新天地の到来――

「我また新しき天と新しき地とを見《み》たり。これ前《さき》の天と前の地とは過ぎ去《さ》り、海も亦《また》なきなり。我また聖《せい》なる都、新しきエルサレムの、夫のために飾《かざ》りたる新婦のごとく準備《そなへ》して、神の許をいで、天より降るを見たり。また大なる聲《こゑ》の御座《みくら》より出づるを聞けり。曰《いは》く『視よ、神の幕屋、人と偕にあり、神、人《ひと》と偕に住み、人、神《かみ》の民となり、神みづから人と偕に在して、かれらの目の涙をことごとく拭い去り給《たま》はん。今よりのち死もなく、悲歎も、號叫も、苦痛もなかるべし。前のもの既に過ぎ去りたればなり』斯て御座に坐《ざ》し給ふもの言ひ給ふ『視よ、我《われ》一切のものを新にするなり』また言《い》ひ給ふ『書き記《しる》せ、これらの言は信ずべきなり、眞なり』また我に言ひ給ふ『事《こと》すでに成れり、我はアルパなり、オメガなり、始なり、終なり。渇く者には價なくして生命の水の泉より飲《の》むことを得させん。勝《かち》を得る者は此等のものを嗣がん、我はその神《かみ》となり、彼は我が子とならん。されど臆するもの、信ぜぬもの、憎むべきもの、人を殺すもの、淫行のもの、咒術《まじわざ》を行ふもの、偶像を拜する者および凡て偽る者は、火と硫黄との燃ゆる池にて其の報を受《う》

くべし、これ第二の死なり』」（第二十一章一〜八節）

【解釈】

私はまた、新しい天と新しい地を見ました。これまでの天と地は凡て消えて無くなり、海もまた消えました。そして、聖なる都、新しいエルサレムが、夫のために着飾った花嫁のように、準備万端用意をととのえ、神のみもとを出し、天から下るのを見ました。

その時、御座の方から大きな声がするのを聞きました。

「見よ、神の幕屋は人と共にあり、神が人と共に住み、人は神の民となる。神みずから人々と共におり、彼等の目から涙をすっかり拭い取って下さるでしょう。もはや今後は、死もなく、悲しみもなく、叫びもなく、苦しみもない。それは、これまでのものが、既に、すっかり過ぎ去ったからである」

その時、御座に座っている御方が言われました。「見よ、私は凡てのものを新しくする」と。続いて「書き記せ、これらの言葉は、信ずべきものであり、真実である」と。

そして、私に仰せられました。

「もはやすべてのことは成就した。私はアルファでありオメガであり、最初であり、最後である。渇いている者は、命の水が湧く泉から、無償でその水を飲ませよう。信仰を守り勝利を得る者は、これ等のものを受け継ぐのだ。

私は彼等の神となり、彼等は私の子となるであろう。

されど、臆病な者、不信仰な者、忌わしき者、人を殺す者、姦淫する者、まじないをする者、偶像を拝む者、偽りを言う者、これらの者は皆、火の燃えさかる硫黄の池の中に投げ込まれ、その報いを受けるであろう。これが第二の死である」

──新しいエルサレム──

最後の七つの災害に満ちたる七つの鉢を持てる七人の御使の一人《ひとり》きたれり。我に語りて言《い》ふ「来れ、われ羔羊の妻なる新婦を汝に示さん」御使は御霊に感《かん》じたる我を携へて大《おほい》なる高き山に到り、聖なる都エルサレムの、神の栄光をもて神許《かみもと》を出でて天より降るを見《み》せたり。「その都の光輝はいと貴き玉の如く、透明な碧玉の如し。此処に大なる高《たか》き石垣ありて十二の門あり、門《もん》の側らに一人づつ十二の御使あり、門《もん》の上《うへ》に一《ひと》つづつイスラエルの子孫の十二の族の名《な》を記せり。東に三つの門、北に三《み》つの門、南《みなみ》に三つの門《もん》、西に三つの門あり。都の石垣には十二の基《もとゐ》あり、これに羔羊の十二の使徒の十二《じふに》の名《な》を記せり。我と語る者は都と門と石垣とを測《はか》らん爲《ため》に金の間竿を持てり、都《みやこ》は方形《はうけい》にして、その長さ廣さ相均し。彼は間棹《さを》にて都を測《はか》りしに、一千二百町あり、長《なが》さ廣《ひろ》さ高《たか》さみな相均し。また石垣を測りしに人《ひと》の度、すなはち御使の度に據れば百四十四尺《ひやくしじふしじやく》あり。石垣《いしがき》は碧玉にて築き、都は清らかなる玻璃《はり》のごとき純金にて造れり。都《みやこ》の石垣《いしがき》の基《もとゐ》は、さまざまの寶石にて飾れり。第一《だいいち》の基は碧玉、第二は瑠璃、第三は玉髓《ぎよくずゐ》、第四《だいし》は緑玉《りよくぎよく》、第五は紅縞瑪瑙、第六は赤瑪瑙《なう》、第七は貴橄欖石《きかんらんせき》、第八は緑柱石、第九《だいく》は黄玉石《くわうぎよくせき》、第十《だいじふ》は緑玉髓、第十一は青玉、第十二は紫《むらさき》水晶なり。十二の門は十二の眞珠《しんじゆ》なり、おのおの門は一つの眞珠より成り、都《みやこ》の大路《おほぢ》は透徹る玻璃のごとき純金《じゆんきん》なり。われ都《みやこ》の内《うち》にて宮を見ざりき、主なる全能の神《み》および羔羊はその宮なり。都は日月の照《てら》すを要《えう》せず、神《かみ》の榮光これを照し、羔羊はその燈火なり。諸國の民は都の光のなかを歩《あゆ》み、地《ち》の王《わう》たちは己が光榮を此處に携へきたる。都《みやこ》の門は終日閉ぢず（此處に夜《よる》あることなし）人々《ひとびと》は諸國の民の光榮と尊貴とを此處にたづさへ來らん。凡て穢《けが》れたるもの、また憎むべき事《こと》と虚偽とを行ふ者は此處に入らず、羔羊の生命の書に記されたる者《もの》のみ此處に入るなり。御使また水晶の如く透徹れる生命の水の河を我に見せたり。この河は神と羔羊との御座より出でて都の大路の眞中を流る。河の左右に生命の樹《き》あり、十二種の實を結《むす》び、その實は月毎に生ず。その樹の葉は諸國の民を醫すなり。今《いま》よりのち詛はるべき者は一《ひと》つもなかるべし。神と羔羊との御座は都の中にあり。その僕らは之に事へ、且その御顔を見ん。その御名は彼《かれ》らの額《ひたひ》にあるべし。今よりのち夜あることなし、燈火の光と日の光とを要せず、主なる神《かみ》かれらを照し給へばなり。彼らは世々限りなく王たるべし。

彼また我に言ふ「これらの言は信ずべきなり、眞なり、預言者《よげんしゃ》たちの靈魂の神たる主《しゅ》は、速かに起るべき事を其の僕どもに示さんとて御使を遣《つかは》し給《たま》へるなり。視よ、われ速《すみや》かに到らん、この書の預言の言を守る者は幸福なり」(第二十一章九〜第二十二章七節)

最後の七つの災害が一杯に満ちている七つの鉢を持っていたあの七人の御使いの一人が、こちらにやって出て、私に話しかけてきました。

「さあ、ついて来なさい。私が小羊の妻である花嫁をお見せしましょう」

この御使いは、霊感に導かれている私を大きな高い山に連れて行きました。

すると、聖都エルサレムが、神の栄光のもとに、神のみもとを出て天から下ってくるのが見えました。

その都の輝きは、高価な宝石のようでもあり、透き通った碧玉（※ダイヤモンド）のようでもありました。

ここには大きな高い城壁があり、十二の門が備わっていて、門の側には一人ずつ計十二人の御使いがおりました。

それぞれの門の上には、一つずつ、イスラエル（※ヤコブ）の子孫である十二部族の名が書き記されており、東に三つの門、北に三つの門、南に三つの門、西に三つの門がありました。

また、都の城壁には十二の土台石があって、それには小羊の十二使徒のそれぞれの名がのりつ書き記されていました。

私と話していた御使いは、都と門と城壁を測量するために、金の測り竿を持っていました。都は正方形で、その長さと幅は同じです。御使いがその竿で都を測ると、一千二百スタディオンで、長さも幅も高さも、いずれも同じでした。石垣を測りますと、人間の尺度、即ち御使いの尺度で、百四十四ペキス※一ペキス＝四十五センチメートルありました。

石垣は碧玉で築かれており、都は混じり気のないガラスのような純金で造られ、城壁の土台石は、種々の宝石で飾られていました。

第一の土台は碧玉、第二はサファイア、第三は玉髄、第四はエメラルド、第五は赤縞めのう、第六は赤めのう、第七は貴かんらん石、第八は緑柱石《りょくちゅうせき》、第九はトパーズ、第十はひすい、第十一はサファイヤ、第十二は紫水晶でした。

十二の門は十二の真珠であり、それぞれの門は一つずつの真珠でできていました。また、都の大通りは、透き通ったガラスのような純金でした。

都には、神殿が見られませんでした。なぜならば、主なる全能の神と小羊こそが聖所だからであります。都には、それを照らす太陽や月は必要ありません。神の栄光が都を照らし、小羊が都のともし火となるからです。

諸国の民は、都の光の中を歩み、地上の王達は、己の栄光を携えてこの都にやって来ます。都の門は一日中閉ざされることはありません（都では夜がないからであります）。人々は、それぞれ諸国民の栄光と誉れとを携えて、この都にやって来ます。しかし、汚れた者や、忌むべきことや偽りを行なうものは誰であっても、ここに入ることはできません。小羊の「いのちの書」にその名が書かれている者だけが、この都に入ることを許されるのであります。

御使いはまた、水晶のように透き通っている「いのちの水」が流れている川を、私に見せました。この川は、神と小羊が座している御座から出て、都の大通りの中央を流れていました。川の両岸には「いのちの木」が植えられており、十二種類の実を結びます。その実は月毎に種類を変えて実り、その木の葉は諸国の民をいやします。もはや、のろわれるべきものは、何一つありません。

神と小羊の御座は都の中にあって、その僕達は、神と小羊に仕え、御顔を仰ぎ見るのであります。彼等の額には神の御名が書き記されています。

もはや夜はないのです。ともし火も、太陽の光も必要ありません。主なる神が、彼等を照らされるのであります。彼等は世々限りなく、王となるでしょう。

御使いはまた、私に言いました。

「これらの言葉は、信ずべきものであり、真実であります。

予言者達の霊魂の主である神は、御使いを遣わして、すぐにでも起こるべきことを僕達に示されたのです。ご覧なさい。主はすぐに来られるでしょう。この書の予言の言葉を守る者は、幸いです」

――キリスト再臨の約束――

これらの事を聞き、かつ見し者は我ヨハネなり。既に見聞せしとき我これらの事を示《しめ》したる御使の足下に平伏して拝せんと為しに、かれ言ふ「つつしみて然か為な。われは汝《なんぢ》および汝の兄弟たる預言者、また此の書の言を守る者と等《ひと》しく僕たるなり、なんぢ神《かみ》を拜せよ』

また我に言ふ『この書の預言《よげん》の言を封《ふう》ずな、時近ければなり。不義《ふぎ》をなす者《もの》はいよいよ不義をなし、不淨なる者はいよいよ不淨《ふじやう》をなし、義なる者はいよいよ義《ぎ》をおこなひ、清《きよ》き者はいよいよ清くすべし。視《み》よ、われ報《むく》いをもて速かに到らん、各人《おのおの》の行爲《おこなひ》に随《したが》ひて之を與ふべし。

我はアルパなり、オメガなり、最先《いやさき》なり、最後《いやはて》なり、始なり、終《をはり》なり、おのが衣《ころも》を洗《あら》ふ者は幸福なり、彼らは生命の樹《き》にゆく權威《けんゐ》を與《あた》へられ、門を通りて都《みやこ》に入《い》ることを得るなり。

犬および咒術をなすもの、淫行《いんかう》のもの、人《ひと》を殺すもの、偶像を拜する者《もの》、また凡《すべ》て虚僞《いつはり》を愛して之を行ふ者は外にあり。

われイエスは我が使を遣して諸教會のために此等のことを汝らに證《あかし》せり。我《われ》はダビデの萠蘖また其の裔なり、輝《かがや》ける曙《あけ》の明星なり』

御靈も新婦もいふ『來りたまへ』聞く者《もの》も言《い》へ『きたり給へ』と、渇《かわ》く者《もの》はきたれ、望《のぞ》む者は價なくして生命の水を受《う》けよ。

われ凡《すべ》てこの書《ふみ》の預言《よげん》の言《ことば》を聞《き》く者《もの》に證《あか》す
もし之《これ》に加《くは》ふる者あらば、神《かみ》はこの書に記《しる》されたる苦難《くるしみ》を彼《かれ》に加へ給はん。若しこの預言《よげん》の書の言《ことば》を省《はぶ》く者あらば、神《かみ》はこの書に記《しる》されたる生命《いのち》の樹《き》、また聖《せい》なる都《みやこ》より彼《かれ》の受《う》くべき分を省き給はん。
これらの事を證《あかし》する者いひ給ふ『然《しか》り、われ速《すみや》かに到《いた》らん』アァメン、主イエスよ、來《きた》りたまへ。
願《ねが》はくは主《しゅ》イエスの恩惠《めぐみ》、なんぢら凡《すべ》ての者と偕《とも》に在らんことを」（二二章一八～二一節
ヨハネの黙示録　から）

【解説】

これらのことを見聞きしたのは、他ならぬヨハネであります。私は、私を案内して見聞きさせて下さった御使いの足もとにひれ伏し、拝もうとしました。すると彼は私に言いました。「やめなさい。謹んでいます。私はあなたやあなたの兄弟である預言者達、また　この

書の言葉を守る者達と、同じ僕仲間です。主なる神だけを拝みなさい」

続いて私に言う声が聞こえてきました。

「この書の予言の言葉を封じてはいけない。時が近づいているからである。不正をなす者はいよいよ不正をなし、汚れた者はますます汚れたことをなし、義なる者はさらに義を行ない、聖なる者は尚一層聖なることを行なうままにまかせなさい。見よ、私は報いを携えて、すぐにやって来るであろう。各人はそれぞれの行ないに従って、報いを受ける。私はアルファであり、オメガである。最初であり、最後である。始まりであり、終りである。私が流した血で自分の着物を洗う者は、幸いである。彼等は「いのちの木」の実を食する権利を与えられ、門を通って都に入ることができるからである。

犬ども、魔術を行なう者、姦淫する者、人を殺す者、偶像を拝む者、偽りを好んでこれを行なう者、これらの者は誰であろうとも、新しい都には入ることができない。

私ことイエスは、我が使いを派遣して、諸教会のために、これらのことをあなた方に証しした。私はダビデ王（※首都をエルサレムに定めた）の切株から出た芽であり、その子孫である。輝く明けの明星である」

そこで聖霊も花嫁も共に言いました「来て下さい」と。これを聞く者も「来て下さい」と言いなさい。渇いている者は来るがいいでしょう。「いのちの水」の欲しい者は誰であろうと、無償でそれを受けることができるのです。

私は、この書の中の言葉を聞く凡ての者達に証しします。もし、これに付け加える者がいるとすれば、「神」はこの書に書き記されている災害を、その人に付け加えるでしょう。もし、この予言の書の言葉を省略する者がいるとすれば、神はこの書に書き記されている「いのちの木」と聖なる都から、その人の受けるべき分を差し引かれるでしょう。

これらのことを証しされる御方が言われます。「しかり、私はすぐに来るであろう」と。

アーメン、主イエス様、どうぞおいで下さい。

主イエスの御恩恵が、凡ての者達と共にありますように。

以上、聖霊に導かれた、難解と言われる「ヨハネの黙示録」の全文の逐語解釈は、私なりに訳し出し致しましたユダヤ人である予言者ヨハネが、ユダヤ教黙示思想の影響を受け、天からの霊感によって導かれる幻影に基いて、神に背を向けた人間の行為やそれに対して下される審判がこの書では重視されています。

しかし、単なる律法主義的というのではなく、主イエスの血の贖いに浴し、その信仰を守り通した結果としてのキリスト者の処遇や、審判後における彼等の救済という意味合いも強調されています。

第三部　結論

ヨハネの黙示録は、旧約聖書の中でも[illegible]の黙示文学という様式を用いています。

黙示文学は、ユダヤの預言者達の思想にペルシャ的世界観が加わり、更にはヘレニズム時代の諸地方に見受けられる終末観に影響された宗教混合から生まれた、文学の一類型であります。

ヨハネの黙示録を理解するには、この文章が書かれた当時の時代背景が考慮されなくてはなりません。

ローマの建国は紀元前七五三年とされていますが、この書が書かれたとされる九六年頃はドミティアヌス帝の治世の頃にあたります。

この頃の支配者ローマ皇帝にとっては、世界の支配者が別に存在するという事は、為政上障害があると思えたようです。

キリスト教徒迫害は、ネロ皇帝（在位五四～六八）の時代から始まったのですが、特に六四年のローマ市大火の責任をキリスト教徒にかぶせ、大迫害を行なったことは有名です。

その後断続的に迫害は行なわれていましたが、やがてコンスタンティヌス帝のミラノ勅令（三一三）によってキリスト教は公認され、テオドシウス帝はテサロニケ勅令（三八〇）を発してキリスト教を国教としました。これは、現世の普遍的国家にふさわしい霊界の普遍的教会（カトリック）を必要としたためと思われます。

しかし、黙示録が書かれたとされる九六年頃は、主イエスの信仰の代わりに、皇帝礼拝を強要しており、皇帝はまさに反キリストの権化であったのです。

従って、著者は、ローマ帝国の速やかな滅亡を切望し、神の審きの待望と教会の救いに望みを託し、これらを力強く表現しています。

ローマ帝国の代わりにバビロニア（前一九〇〇頃～前五三九頃）で表現し、首都ローマの代わりにバビロニアの首都バビロンという表現を使い、広義では地球上の世俗勢力の拠点を表わしています。

小羊は勿論、主イエスを指し、龍はサタンを、獣その一はローマ皇帝を、獣その二は偽予言者を、大淫婦は首都ローマを、一義的には指していると思われます。

また、白い衣を着た者、あるいは自分の衣を洗う者とは、主イエスの犠牲的血で衣を洗って白くした者、あるいは白くする者、即ちキリスト信者を指しています。

いずれにしても、聖書には永遠が無いことを歴史が証明しており、未曾有の隆盛を誇ったローマ帝国も、三九五年には東西に分裂し、四七六年には西ローマ帝国が、東ローマ帝国（ビザンティン帝国）も、一四五三年に滅亡しました。

神の審判は免れられない

神は寛大なる御方であり、正しい清さを求めており、罪を大目に見たり、罪と妥協したりは決して致しません。聖書の中には、これらのことが厳しく書き記されています。

神が人間を受け入れて下さるのは、キリストの清い血の贖いによってのみであります。

キリストが私達罪人の身代わりとなって、厳しい審判を受けて下さり、父なる神の命令に従い自ら進んで十字架にかかり、清い血を流されたという代償によるものであります。

この事実に立って、神はキリストの血の贖いを信じる者達を、恵みと受け入れて下さるのであります。

救われるためには罪から離れ、正しい行ないをする必要があると言う人達がいますが、決してそうではありません。

キリストの血の贖いを、心から信じた瞬間に、神はその罪人を義と認めて下さるのです。救いは、私達が何か心を差し出さなければならないと言うものではなく、有難く受け取るべきものであります。良い行ないをしたとか、罪から離れて行くのはその結果なのです。

「汝らは恩恵により、信仰によりて救はれたり、是おのれに由るにあらず、神《かみ》の賜物《たまもの》なり。行爲に由るにあらず、これ誇《ほこ》る者なからん爲《ため》なり」（エペソ書第二章八〜九節）

このように救われる前提として、良い行ないをしなければならないのではなく、神の一方的な恵みに依り、その恵みをアクティブに受け入れ、キリストの血の贖いに浴することによってのみ救われるのであります。

その結果として、真のキリスト者は良き業に歩むようになるのです。

「我らは神に造られたる者にして、神の預《あらか》じめ備《そな》へ給ひし善き業に歩《あゆ》むべく、キリスト・イエスの中に造られたるなり」（エペソ書第二章一〇節）とありますように、主イエスの聖霊と軛を共にする者は、その結果として良き道を歩むようになるのです。ここに本当の信仰があるのであります。

黙示録では、ユダヤ教の影響を受けて律法主義的な面があり、勧善懲悪的なところがあります。既に死んでいる人達は皆、神の御座の前に、呼び集められ、生前のそれぞれの行ないに従って厳しく裁断され、「いのちの書」に記載されていない者は皆火の池に投げ込まれています。

この「いのちの書」に名を記されている人達こそ信仰のクリスチャンであります。その方々こそが神の一方的な恩恵と恵みに受け入れられ、イエスの聖霊と共に歩んだ人達であります。

「いのちの書」に書かれている者だけが入ることのできる神の国

「また大なる聲《こゑ》の御座より出づるを聞けり。曰く『視よ、神《かみ》の幕屋、人と偕にあり、神、人と偕に住み、人《ひと》、神《かみ》の民となり、神みづから人と偕に在《いま》して、かれらの目の涙をことごとく拭ひ去《さ》り給《たま》はん。今よりのち死もなく、悲歎も、號叫《さけび》も、苦痛もなかるべし。前のもの既に過ぎ去《さ》りたればなり』」（黙示録第

二十章三節後半〜四節）

これは、地上の悪霊（サタン）を退治した後に、新天地が出現し、その時、全能の神が述べられた御言葉であります。

新天地については、

「我また新しき天と新しき地《ち》とを見たり。これ前の天と前の地とは過《す》ぎ去《さ》り、海《うみ》も亦《また》なきなり」（黙示録第二十一章一節）とありますように、以前の天地とは全然異なり、海もない別天地となっています。今迄の地球は何処へ行ったのかは言及されていませんが、「過ぎ去り」とだけ表現されています。

また、聖なる都については、

「今よりのち夜ある事なし、燈火《ともしび》の光をも日の光をも要せず、主なる神《かみ》かれらを照《てら》し給《たま》へばなり」（黙示録第二十二章五節前半）とあり、「都は日月の照すを要《えう》せず」（黙示録第二十一章二十三節前半）ともありますように、主なる神の栄光こそがその明りなのであります。

このように、聖なる都を含めて新天地は、夜もなく、日月もなく、海もない別天地です。

「おのが衣を洗ふ者は幸福なり、彼らは生命《いのち》の樹にゆく權威を與へられ、門《もん》を通《とほ》りて都《みやこ》に入《い》ることを得るなり」（黙示録第二二章一四節）とありますように、主イエスが流された御血で、己の衣を洗う者は幸いであります。即ち、主の御名を信じた者のみ、永遠の生命が与えられる特権が与えられ、都へ自由に入ることができるのです。神の幕屋、即ち、神の国では、神は人と共に住み、人は神の民となり、神みずから人と共に臨してくださるのです。

それで、神の国なる概念は、領域よりも統治という意味合いが強いと思われます。黙示録では、終末に出現する「神の国」については、人間の限りない欲望が支配する「この世」と対比する形で表現されています。その故は、当時のローマ帝国から迫害され続けているキリスト信者達の「来るべき世」に対する、強い待望が背景にあるからであります。

しかして、イエスはパリサイ人の問いに答えて次のように言っています。

「神の國の何時きたるべきかをパリサイ人に問《と》はれし時、イエス答《こた》へて言ひたまふ『神《かみ》の國は見ゆべき狀にて來らず。また「視よ、此處に在り」「彼處《かしこ》に在《あ》り」と人々は言はざるべし。視よ、神の國は汝らの中に在《あ》るなり』（ルカ傳第一七章二〇～二一節）

ここでは、神の主権の支配が強調されています。

しかし、神の聖霊の支配下に、誰でも入れるというものではありません。「勝を得《え》る者は此等《これら》のものを嗣《つ》がん、我《われ》はその神《かみ》となり、彼は我が子《こ》とならん」（黙示録第二一章七節）とありますように、キリストの血の贖いを素直に受け入れ、その信仰を守り通す者達こそが、「勝を得る者」であり、神の民となり、神御みずからが人と共にいて下さるのであります。

七つの教会の七人の御使い

予言者ヨハネが、当時、関係していた小アジアの七つの教会の御使い（牧師）達の中にも、様々な方がおられたことがわかります。

エペソにある教会の牧師は、非キリスト者達を見抜き、糾弾したりして、我慢強く布教に努めています。しかし、主イエスの血の贖いを信じて救われた時の感激を忘れ、神の愛から遠ざかってしまったと言っています。

牧師であっても、救われた後、その当時の信仰を守り通すことが容易でないことを示ししています。

スミルナにある教会の教師は、非キリスト者達や異端の宗教に属する人達から非難されていますが、決して恐れてはならないと言っています。また、サタンから近い内に、試みの苦難が与えられますが、耐え忍んで信仰を堅く守り通して神に栄光を帰しなさい、と激励しています。

ペルガモにある教会の教師は、立地的にサタンが住んでいる場所であり、布教が非常に困難な地域にある教会の教師です。

信者が殉教した時も、彼は固く信仰を守り通しました。しかし、未だに異端のニコライ派の人達が教会の中にいるから、積極的に排除しなさいと指示されています。

テアテラにある教会の教師は、信仰を堅く守り、忍耐強く布教に努め、初期の頃より一層勤勉に励んでおります。しかし、キリスト信者達を誘惑している女予言者のなすがままに容認しています。主イエスが彼女を退治して、これ以上の害悪を負わせないように、堅く信仰を守り続けるように励みなさいと言っています。

サルデスにある教会の教師は、死んでいるのか、生きているのか分からない位、無気力な者だと言われております。その故か、信徒達の中に、信仰心が薄れて行く者がいます。救われた時の感激を忘れず、神の御言を思い出し、目を覚まして信者達を激励しなさいと言われています。

ヒラデルヒヤにある教会の牧師は、非常にエネルギッシュで行動力があり、主イエスの教えを忍耐強く守り、勤めに良く励んでいると言っております。従って、今後とも信仰を堅く守って、栄光の冠を奪われないよう、勤めに励むようにと言われています。

ラオデキヤにある教会の牧師は、冷静というのでもなく、燃えるような情熱もない中途半端な人物だと言っております。現状に甘んじて、満足している。従って、何事においても、もっと積極的に行動し、勤めに励みなさいと言っておられます。

御使いと言う言葉を使ってはいますが、予言者ヨハネが関係した牧師の中にも、色々な人がいたようであります。

様々な牧師への対応

黙示録の中にある七つの教会の御使い（牧師）でさえ、様々な違いが見られるのですから、各国の牧師様間だけ、かなりの違いがあると思われます。

非キリスト者の牧師は、いないと思いますが、油断してこの世に汚染されたり、信仰が崩れている牧師がいるかも知れません。

牧師様も人間ですから、誤ちを犯すことが無いとは言えませんし、個人的性格等から説教の仕方や、布教の仕方が異なるのはやむを得ないことでしょう。

しかし、「救いの道」について大きな違いがあると大変困りものです。以下にそのいくつかを列挙し、僭越ながら私なりの考察を加えてみたいと思います。

1 悔い改め

牧師によっては、悔い改めて罪から離れないと救われない、と言う方がおられますが、間違いだと思います。

アダムの原罪、その他の先祖から受け継いだ罪、我々が一生の間に犯す罪が、これら三重の罪の下で苦しんでいるのが人間です。生まれながらにして罪人なのです。「それ罪の払ふ價は死なり、然《さ》れど神の賜物《たまもの》は我《われ》らの主キリスト・イエスにありて受《う》くる永遠の生命なり」（ロマ書第六章二三節）とあります。

主イエスは、父なる神の定めに従い、その清い身に人類の凡ての罪を背負い、十字架にかかって血を流すという代償を払って下さったのです。これを見て神は義とされたのであります。

この事実を信じること、即ち、私達の罪の身代わりになって下さったキリストが救い主だと確信することだけで、神は私達を義と認めて下さるのです。これにプラスすることもなければ、マイナスすることもないのです。

「悔い改め」とは、この世の欲、即ち、金銭欲、物欲、肉欲、名誉欲等にしがみつき、それより大切なもの「生ける神」を忘れていた者達が神によってこの世に送り込まれ、生かされていることに覚醒し、その考えを改めることなのです。私達は神によって生かされているのです。

天地創造の神は、聖なる御方であり、罪と妥協したり、罪を大目に見たりすることがありません。必ず裁きは下るのです。

しかし、神のご計画は恵みにより、イエスの血の贖いを信じた瞬間、罪を持ったままの状態から救い出され、「義」即ち正しい者と認めて下さるのであります。「悔い改め」は今迄のような自己中心的な考えを改め、天地創造神によって生かされていることに目覚めることなのです。

2 「救われた人」

救われた人は、罪ときっぱりと手を切らないといけないと言う牧師さんもおられます。

これは間違いだと思います。

救いはイエスの血の贖いを信じた瞬間に救われるのですが、救われる以前からある古い罪の性質は、すぐには改善されないからであります。瞬間に救われた喜びを感じますが、肉的には依然として罪の中に喜びを見出すからであります。

　パウロでさえ、苦悩して述べています。

「我《われ》はわが中《うち》、すなはち我が肉《にく》のうちに善《ぜん》の宿《やど》らぬを知る、善を欲《ほっ》することは我《われ》にあれど、之《これ》を行《おこな》ふ事なければなり。わが欲《ほ》する所《ところ》の善《ぜん》は之《これ》をなさず、反《かえ》って欲《ほっ》せぬ所《ところ》の悪《あく》は之《これ》をなすなり」（ロマ書第七章一八～一九節）と。

　罪から離れなければならないという気持は、クリスチャンなら誰にもあります。しかし、救いにあずかったのだから、すぐに罪から離れなさいと言われても、なかなかできるものではありません。

　救いは主イエスが清い血を流すという代償によって、完成されています。即ち、代価が支払われて、罪の奴隷市場から解放されているのです。従って、霊的には、主イエスを救い主と信じた瞬間に救われているのです。

　しかし、肉的には、救われる前からある古い罪の性質が残っています。

　聖人とされるパウロでさえも、肉の性質に悩み続けられたのです。救われた人達が「ふしだらな生活」から、なかなか抜け出せないために、自分は救われていないのではないかと思いたとすれば、それは間違いです。既に救われているのです。

ヨハネ伝の著者であるヨハネは、彼の手紙の中で信仰の深さの度合いによって、信者を四段階に分けています。

若子……主イエスの血の贖いを信じることによって罪が許されたばかりの者（信仰の初心者）

子供……主イエスの御言葉を媒介として、父なる神の霊界に触れた者

若者……イエスの御霊に身をまかせ、サタンの誘惑に打ち勝ち、信仰を貫き通している者（信仰の中堅となるべき者）

父たち……その人の霊が、既に父なる神の霊界（神の命の支配下）に住んでいる者（ヨハネ第一書第二章十二～十四節参照）

このように、既に救われている者であっても、信仰の深さによって段階があります。信仰の初心者に対し、早く信仰の中堅なるべき者になりなさいと言って激励があります。

大切なことは、自分の霊的の中に主イエスの聖霊を受け入れ、キリストの聖霊と軛を共にすることであります。

「我は柔和にして心卑ければ、我が軛を負《お》ひて我《われ》に學べ、さらば靈魂《たましひ》に休息《やすみ》を得《え》ん。わが軛は易く、わが荷は輕ければなり」（マタイ伝第一一章二九～三〇節）

キリストの聖霊と軛を共にしていれば、大きく道をはずすことはありません。困った時には、主イエスの聖霊にお尋ねになって下さい。父なる神にお祈りして下さい。

サタンの悪霊の誘惑に打ち勝つ唯一の方法は、パワフルな悪霊より力のある聖霊に寄り縋ることであり、それ以外に方法はありません。

3　「告白すること」

主イエスの血の贖いを信じただけでは不充分で、皆の前で「告白すること」が必要であると説く牧師さんもおられますが、これも間違いだと思います。

なる程、ロマ書第一〇章一〇節には次のように書かれています。

「それ人は心に信じて義とせられ、口に言ひあらはして救はるるなり」と、このように、キリストが唯一の「救い主」と信じたその瞬間に、神はその者を「義」、即ち、正しい者と認めて下さるのです。しかし、これにはパッションが必要です。主イエスの血の贖いに感謝します。どうぞ主イエス様、この私めをお導き下さい」という心からの叫びです。いいですか、神様を探し求めて泣き叫んでいる心の情熱です。

「ローマ人への手紙」（ローマ書）の中でパウロが言っているのは、戒律を重んじるユダヤ教徒達に、人間としてのイエスではなく、神の子としてのイエスを救い主として認めることが「信仰する」ということだと言っているのです。

と言うのは、同じく「ローマ書」の中に、「『すべて主の御名を呼《よ》び求《もと》むる者は救はるべし』とあればなり。然《さ》れど未だ信ぜぬ者を如何で呼び求むることをせん」（ロマ書第一〇章一三〜一四節）とあるからです。

「心の中ででも良い、主の御名を呼び求める」ことこそ、「口に言ひあらはして」であるとわかりますし、信じていない者は、キリストの御名を呼んだりしません。主イエスの血の贖いを信じ、血の贖いに感謝し、主イエスへの御信仰におけるお導きを求めることにし充分なのです。

次に、血の贖いを信じることにプラスして、「これまでの罪を神の前で告白することが必要である」と言う牧師さんがおられますが、これも間違いです。

なるほど、ヨハネ第一書第一章九節には次のように書かれています。

「もし己《おのれ》の罪を言《い》ひあらはさば、神《かみ》は眞實《まこと》にして正《ただ》しければ、我《われ》らの罪《つみ》を赦《ゆる》し、凡《すべ》ての不義《ふぎ》より我《われ》らを潔《きよ》め給《たま》はん」

これは、ヨハネが小アジアを中心として広い地域に住むキリスト信者達宛に書かれた勧告の手紙の中の一節です。従って、対象はあくまでも「救われた信者」であります。

信者と言っても、信仰の深さの度合が違います。霊的には救われていても、肉的には、救われる以前から持っている古い性質が残っているものなのです。

この聖句は、信者でもし罪を犯す者がいたとしても、神に向かって胸襟《きょうきん》を開き告白すれば許して下さるとして、神との交わりを回復できる方法を教えたものであります。

従って、救われるための条件として「神の前で罪を告白すること」は必要ないのであります。

4 「弟子」と「信者」

主の御名を信じて救われた者は、キリストの弟子となるものである。従って、自己を犠牲にしてキリストに従わないといけないと説く牧師が多くおられますが、これも間違いだと思います。

繰り返しますが、救いは、キリストが人類の罪をその一身に背負って十字架上で清い血を流されたことで完成しているのです。これを信じる者は皆救われるのであります。これに加えるものもなければ、差し引くものもないのです。

しかし、キリストの弟子となることは、キリストに付き従うことですから、高い代価が伴うのです。

ルカ伝第十四章二六、二七節には次のように書かれています。

「おおよそ我に来《きた》りて、その父母・妻子・兄弟・姉妹・更に己が生命《いのち》まで憎《にく》まずば、我《わ》が弟子《でし》となるを得ず。また己《おの》が十字架を負ひて我に従ふ者ならずば、我《わ》が弟子《でし》となるを得ず」

このように、弟子となるのはハードルが高いのですが、信者となるには、父なる神の一方的な恵みにより、主イエスの血の贖いを心から信じるだけで良いのです。

5「バプテスマ」

バプテスマはギリシャ語のバプティゾーから由来する言葉で、「水に浸す」という意味の動詞であります。

それは、身体を水に浸して、清めをなす宗教的儀式であります。元来、ユダヤ教では清めが重視され、初期では食事の前に身を清める習慣がありまして、後期では異邦人がユダヤ教に改宗する時に行なわれました。

「まことに誠に汝に告ぐ。人《ひと》は水と靈《れい》とによりて生れずば、神の國に入ること能《あた》はず。肉によりて生るる者は肉なり、靈《れい》によりて生《うま》るる者は靈なり」（ヨハネ伝第三章五後半～六節）とある聖句がありますが、これを根拠に、バプテスマを受けなければ救われないと説く牧師さんがいるかも知れませんが、それも間違いだと思います。

肉によって生まれ、生活している人が、聖霊によって生まれ変わるとはどういうことでしょうか。

イエスは清い血や命という代価を払ってまで、私達の霊魂を罪の奴隷市場から解放する道を開いて下さいました。

父なる神は、これを見て嘉とされ「血の贖い」を信ずる者凡てを「義」即ち正しい者と認めて下さるのです。

「水と霊」とによって生まれ変わるとは、この世の執着にしがみつき、「生ける神」を忘れていた私達が、その罪を悔い改め、「生ける神」を心から信じることなのです。

そして、「イエス」の血の贖いを信じた瞬間に、聖霊が我々の霊魂の中に降り注がれるのです。これが新たに生まれ変わることなのです。救われた者となるのです。

「それキリストの私を遣し給へるはバプテスマを施さん為《ため》にあらず福音を宣べ伝へしめんとてなり」（コリント前書第一章十七節）とパウロは言っておられます。

イエスも、一生涯において、誰にもバプテスマをお授けになっておりません。

このように、バプテスマは、救われるための必須条件ではありません。

しかれば、バプテスマは決して不必要なのかと言えば、そうではありません。

キリストは、ヨルダン川でバプテスマのヨハネより、バプテスマを受けています。その時の様子が、次のように書かれています。

「イエス、バプテスマを受けて直《ただ》ちに水より上《あが》り給《たま》ひしとき、視《み》よ、天《てん》ひらけ、神《かみ》の御靈《みたま》の、鴿のごとく降りて己が上にきたるを見給《みたま》ふ。また天より聲あり、曰《いは》く『これは我《わ》が愛《いつく》しむ子、わが悦ぶ者なり』」（マタイ伝第三章一六～一七節）

このように、父なる神は、イエス様がバプテスマを受けたことを、大変祝福されています。主イエスも弟子達（ユダを除く十一使徒を前にして）に、バプテスマを授けるように命じています。

「イエス進みきたり、彼らに語《かた》りて言ひたまふ『我は天にも地にても一切《すべて》の權《けん》を與《あた》へられたり。然れば汝ら往きて、もろもろの國人《くにびと》を弟子となし、父と子と聖靈《せいれい》の名《な》によりてバプテスマを施し、わが汝らに命《めい》ぜし凡てのことを守るべき事を教へよ。視《み》よ、我《われ》は世《よ》の終《をはり》まで常に汝らと偕に在るなり』」（マタイ伝第二八章一八～二〇節）

このように、バプテスマは救われるための条件ではありませんが、救われたことの証しとして受ける方が良いと思います。

御使いという

聖書の中には、様々な任務を帯びた数多くの御使いが出てきます。「御使い」は天使のことで、ヘブライ語で「マルアーク」、ギリシャ語では「アンゲロス」といい、いずれも「使者」の意味です。

彼らは、天地創造の神に仕え、神と人とを媒介する霊的存在であります。人類の祖アダムとエバがエデンの東の楽園で、神の唯一の命令、即ち「善悪を知《しる》の樹」の実を食してはならないという掟を破ったがために、神と人とは断絶状態となりました。

この断絶を仲介するために、神から人の世に遣わして下さるのが、いわゆる天使であります。人間よりは少し地位が高く、人にないしは神に仕え、超自然的であれ、霊的な人格的存在であります。人格的な存在であると言っても、人間のように性別はありませんので、結婚することはありません。その性格から、聖なるものとされています。

しかし、天使も人間も、天地創造の神によって造られた者、即ち被造物でありますから、礼拝の対象ではありません。

黙示録の中にも、二箇所程その事例が書き記されています。いずれも、予言者ヨハネが天使の足下にひれ伏し、拝もうとした時に、天使が言った言葉です。

「我その足下に平伏して拝せんとしたれば、彼《かれ》われに言ふ『慎みて然《しか》すな。我《われ》は汝《なんぢ》およびイエスの證《あかし》を保つ汝の兄弟とともに僕《しもべ》たるなり。なんぢ神を拝《はい》せよ、イエスの證は即ち預言の靈なり』」（第一九章一〇節）

「かれ言ふ『つつしみて然か爲な、われは汝《なんぢ》および汝の兄弟たる預言者《よげんしゃ》、また此《こ》の書《ふみ》の言を守る者と等しく僕たるなり、なんぢ神《かみ》を拝《はい》せよ』」（第二二章九節）

これらはいずれも、天使と言えども父なる神の下僕である、従って、主イエスの血の贖いによって救われたヨハネの兄弟達や予言者達と何ら変わる者でなく、上下関係にある者でもないと言っているのであります。

天使の中には特定の名前を持っている者がいまして、例えばガブリエルは、マリアのもとに使わされ処女降誕を告げています。

「その六月めに、御使ガブリエル、ナザレといふガリラヤの町にをる處女《をとめ》のもとに、神《かみ》より遣さる。この處女はダビデの家《いへ》のヨセフといふ人と許嫁せし者にて、其《そ》の名《な》をマリヤ

したかの御使《みつかひ》、處女《をとめ》の許《もと》に來《きた》りて言《い》ふ『めでたし、恵《めぐ》まるる者《もの》よ、主なんぢと偕に在《いま》せり』（ルカ伝第一章二八節）

また、イスラム教ではこのガブリエル（ジブリール）がマホメットに「コーラン」を伝えたとされています。

次に、黙示録の中ではミカエルが登場しています。

「斯て天に戦争おこれり、ミカエル及びその使たち龍と戦ふ。龍もその使たちも之《これ》と戦ひしが、勝《か》つこと能はず、天《てん》には、はや其の居る所なかりき。かの大なる龍、すなはち悪魔と呼ばれ、サタンと呼ばれたる全世界をまどはす古《ふる》き蛇《へび》は落され、地に落され、その使たちも共《とも》に落されたり」（第一二章七～九節）

このように、大体ミカエルに伴って、サタン（悪魔）が地上に落とされる様子が描かれています。

これら人格的存在としての天使達とは別に、黙示録の中では、神の玉座を護衛するものとして四つの生き物が描かれています。

「御座の前に水晶に似たる玻璃《はり》の海あり。御座の中央と御座《みくら》の周囲《まはり》に四つの活物《いきもの》ありて、前も後も数々の目にて満《み》ちたり。第一《だいいち》の活物は獅子のごとく、第二《だいに》の活物《いきもの》は牛《うし》のごとく、第三の活物は面のかたち人《ひと》のごとく、第四の活物は飛ぶ鷲のごとし」（第四章六〜七節）

全知全能なる神は、何でも出来る御方でありまして、自由意志を持つ人格的存在である天使とは別に、種々の生き物を創造し活用しています。これらの生き物も天使の一種と言えます。

有名な生き物として、ケルビムとセラフィムがあります。

ケルビムにつきましては、人類の祖アダムが神の命令に背き、「禁断の樹」の実を食したことによって、エデンの東の園を追い出された際、再びエデンの園に罪に落ちた人間が入ることがないようにと、神が配した生き物であります。

「斯神其人を逐出しエデンの園《その》の東《ひがし》にケルビムと自から旋轉る焔《ほのお》の剣《つるぎ》を置《おき》て生命《いのち》の樹の途を保守りたまふ」（創世記第三章二四節）とありますように、園の中にある「生命の樹」の実を人間が摂することのないよう、ケルビムと自然に回転する炎の剣を配して、エデンの園をガードさせております。

このケルビムは、人間のような頭があり、獣のような体と翼を持つ姿として表現されています。これは、人間の知性と獣の威力を合わせ持つ超人的な力を表象しています。この超人的な力で、汚れた人間が聖なる神には、容易に近づけないしるしとしたものであります。王座がおかれている四つの生き物のうち第三の生き物は、このケルビムではないかと言われています。

セラフィムについては、イザヤ書第六章第二節に「セラピムその上《う》にたちおのおの六《むっ》の翼ありその二をもて面をおほひ その二をもて足をおほひ其二をもて飛翔り」とあるように、一対の翼を持った生き物で、神と人間を仲介し、神を護衛する役割を担うとされています。これも王座の周囲にいる四つの生き物の一つとされています。

このように、天使の中には自由意志を持つ人格的な天使のほかに、種々の役目のために神が特別に作られた超人的な生き物もいるのであります。

神の怒りの満ちた七つの鉢

黙示録の中で、神が許せないとしているのは、大きく分類して四種類あります。

第一はサタン（悪霊）で、ここでは「龍」として表現されています。

「また天に他の徴見えたり。視よ、大《おほい》なる赤《あか》き龍《たつ》あり、これに七つの頭《かしら》と十《とを》の角《つの》とありて頭には七つの冠冕あり。その尾は天の星《ほし》の三分の一を引きて之を地《ち》に落《おと》せり。龍《たつ》は子《こ》を産まんとする女の前に立ち、産《う》むを待ちて其《そ》の子《こ》を食ひ尽さんと構へたり」（第一二章三～四節）とあるように、この龍は物凄いパワーを持ち、身籠った女を食い殺さんと待ち構えたのであります。

そこで、天上では大戦争となりましたが、龍及びその手下共は、大天使ミカエルの率いる天使達の軍に打ち負かされて、地上に落とされます。

それでも龍は、執拗に女を追いかけますが、父なる神の庇護のもと、無事その子（※神によって特に選ばれし者）を出産し、彼女も無事逃れることができたとあります。

この罪多きサタン及びその大軍は、最後には天より火が降り注ぎ、大軍は焼き尽くされ、雌(リン)も火の燃え盛る硫黄の池に投げ込まれています。即ち「彼らを惑わした悪魔《あくま》は、火と硫黄《いおう》との池に投げ入れられたり」（第二〇章一〇節前半）とある通りです。

第一の「獣」であります。獣はローマ帝国のような世の最高権力者を指しており、当時ネロ皇帝に始まってキリスト教徒迫害はますますエスカレートし、その者ヨハネがこの黙示録を書いていた時は、皇帝ドミティアヌス（在位八一〜九六年）治世の終盤に該当します。

彼は専政的傾向が強く、元老院議員の中の多くを反逆者として処刑したりして、一帯の恐怖政治を行いました。自分を神として「主にして神」と呼ばせた程です。

これに関し黙示録では、

「わが見し獣は豹《へう》に似て、その足は熊のごとく、その口は獅子《しし》の口のごとし。竜は、これに己が能力と己が座位と大なる権威とを與へたり」（第一三章二節）とあります。

即ち、地位を得られた竜（サタン＝悪魔）から、この獣（世俗の最高権力者）は力と権威の上に何者をも置かないことになります。

あくなき、この世の権力欲、物欲、金銭欲、肉欲、名誉欲、口の欲等の奴隷者がサタンから、その権威を与えられたのです。

神から許されないとされている第三のものは、「獣その二」であります。このものは、まじないをして不思議なことをしたり、皇帝を礼拝するよう導いたり、皇帝に忠誠を誓わせたりした偽予言者です。これに関して、黙示録には次のように書かれています。

「我また他の獣の地より上るを見《み》たり。これに羔羊のごとき角二つありて龍《たつ》のごとくに語り、先の獣の凡ての權威を彼《かれ》の前にて行《おこな》ひ、地《ち》と地に住む者とをして死ぬべき傷《きず》の醫《いや》されたる先の獣を拜せしむ。また大《おほい》なる徴《しるし》をおこなひ、人々の前にて火《ひ》を天《てん》より地《ち》に降《ふ》らせ、かの獣の前にて行ふことを許されし徴をもて地に住む者どもを惑《まどは》し、剣《つるぎ》にうたれてなほ生ける獣の像を造ることを地《ち》に住む者どもに命じたり」（第一三章一一～一四節）

このように、龍（サタン）に従順な獣（世俗の最高権力者）や、獣その二（偽予言者）は、神から見れば全く許し難いものであり、白い馬に乗ったキリストの軍勢に退治されてしまいます。

これに関して、黙示録には次のように記述されています。

「我《われ》また獣《けもの》と地《ち》の王たちと彼らの軍勢とが相集りて、馬に乗《の》りたまふ者および其の軍勢《ぐんぜい》に対ひて戦闘を挑みたるを見たり。かくて獣は捕へられ、又その前《まへ》に不思議を行ひて獣《けもの》の徽章を受けたる者と其の像を拝する者とを惑した偽預言者も、之とともに捕へられ、二つながら生きたるまま硫黄の燃ゆる火の池に投げ入れられたり」（黙・一九章一九～二〇節）

このようにして、この世の終わりまでリードし続けてきた霊的悪の支配者サタン（悪魔）に忠実な、この世の夫の肉の支配者であるローマ皇帝のような地上最高権力者も、その支援者である偽預言者は、火の池に投げ入れられて始末され、新世界が到来するのです。

「新世界」については、黙示録には次のように書かれています。

「我《われ》また新《あら》しき天《てん》と新《あら》しき地《ち》とを見《み》たり。これ前《さき》の天《てん》と前《さき》の地《ち》とは過ぎ去り、海も亦《また》なきなり」（黙・二一章一節）

この文章を見る限り、新天地は我々が住んでいるこの地球とは全く異なるようです。天地創造の神が用意した神が支配する別世界なのです。

さて、第四は人間です。神は先ず、当時のローマ帝国を始めとし、地球上の全ての人達に警告を発しています。それが神の御怒りに満ちた七つの鉢であります。

①第一の鉢について

「斯て第一の者ゆきて其の鉢を地の上に傾《かたむ》けたれば、獣の徽章を有てる人々《ひとびと》とその像《ざう》を拝する人々との身に悪しき苦しき腫物生じたり」（第十六章二節）とありますように、世俗の最高権力者に忠誠を誓い、特別の便益を与えられて我が世の春を謳歌している者達や、彼を神として礼拝する者達に悪性の腫瘍を生じさせたとあります。

現代ではどうでしょうか。新型インフルエンザの流行が懸念されたり、エイズの蔓延が懸念されたりして、新しい疫病が次々と人類に襲いかかって来ています。

②第二の鉢について

「第二の者その鉢を海の上に傾《かたむ》けたれば、海は死人の血の如くなりて海《うみ》にある生物《いきもの》ことごとく死にたり」（第十六章三節）とあります。このように既に現在、海洋汚染が徐々に進行しつつあることは、ご存知の通りです。

(3)第三の鉢について

「第三の者その鉢《はち》を、もろもろの河と、もろもろの水の源泉との上《うへ》に傾けたれば、みな血《ち》となれり」（第十六章四節）とあります。これについても、既に世界的規模で河川の汚染が、かなり進行していることが理解出来ます。

(4)第四の鉢について

「第四の者その鉢《はち》を太陽の上に傾けたれば、太陽は火をもて人《ひと》を焼《や》くことを許さる。斯《かく》て人々烈しき熱に焼《や》かれて、此等の苦難を宰どる權威を有ちたまふ神の名を瀆し、かつ悔改めずして神に榮光を歸せざりき」（第十六章八〜九節）とあります。

この箇所を読む限りにおいては、地球もそろそろこの段階に差し掛かっている感じがします。

フロンガス等によるオゾン層の破壊、火山の二酸化炭素ガス放出による地球温暖化等、その傾向は既に出始めています。

それでも、人間は自分の限りない快楽を追い求め、天地創造の神に背を向けているだけでなく、却って不満を言い、これまでの生き方を悔い改めて神を戴く生活をしようとはしない、と言っております。

⑤第五の鉢について

「第五の者その鉢を獣の座位の上《うへ》に傾《かたむ》けたれば、獣の國暗くなり、その國人痛《くにびといたみ》によりて己の舌を嚙み、その痛と腫物とによりて天の神を瀆し、かつ己が行爲《おこなひ》を悔改《くいあらた》めざりき」（第十六章一〇～十一節）

第五番目の御使いは、当時の地上の最高権力者の首都に、第五の鉢を傾けたとあります。するとその国は急に暗くなり、その国民は痛みに襲われたり、腫れ物ができましたので、天の神に恨み言を言いました。しかし、それでもこれまでの生活習慣を決して改めず、神をないがしろにしたと言っております。

⑥第六の鉢について

「第六の者その鉢《はち》を大《おほい》なる河《かは》ユウフラテの上に傾《かたむ》けたれば、河《かは》の水涸《か》れたり。これ日《ひ》の出づる方より来《きた》る王たちの途《みち》を備《そな》へん為《ため》なり」（第十六章十二節）

大地創造の神が、人々の営みを発しての悩みだけは言うが、従来通り自己中心的で、限りない快楽追求を改めようとせず、神を敬い生活をしようともしない地上の人々の姿がありました。

そして、神はいよいよ地上の人々を亡ぼすべく準備し始めたのが、この第六の鉢です。即ち第六の御使いが、ユーフラテス河の上に第六番目の鉢を傾けると、この大河の水がすっかり涸れてしまいました。これは最後の戦争をする準備だと言っているのです。

⑦第七の鉢について

「第七の者その鉢《はち》を空中に傾《かたむ》けたれば、聖所より、御座より大《おほい》なる聲《こゑ》いでて『事すでに成れり』と言ふ。斯て数多の電光と聲と雷霆とありて、大《おほい》なる地震《ぢしん》おこれり、人の地《ち》の上に在りし以来《このかた》かかる大なる地震なかりき」（第十六章十七〜十八節）

地球最後の戦争が始まろうとしたその時、第七の鉢が空中に傾けられました。その途端に、天地創造の神は「事すでに成れり」と言われております。それ程、神の力は威大であり、すぐに勝負がつくのです。

数多くの雷光と雷鳴と落雷、地上の人々の逃げ惑う声が聞こえ、有史以来経験したことのない大地震が起こり、「大《おおい》なる都《みや》」は三つに裂かれ、「凡ての島は逃げさり、山《やま》は見《み》えずなれり」（第十六章二〇節）であります。この地球は破壊されたのです。誠に、神の鉄拳は物凄いパワーと破壊力があるのです。

逃げ延びた龍（サタン）と獣（サタン）とこの世を惑わす偽予言者は、この後、白い馬に乗る主イエスの軍勢に最後の戦いを挑みますが、三大巨悪は共に捕らえられました。

獣と偽予言者は、その場で、硫黄の燃え盛る火の池に生きたまま投げ込まれています。

これに忠誠を誓い、従った者達も凡て殺されました。

サタン（龍）は、一旦、底なき程の深い地下牢に、千年ものあいだ幽閉されます。その後、釈放されますが、懲りずに再度、神に反抗したので、今度こそ遂に、硫黄の燃え盛る火の池に投げ込まれています。この火の池について、次のように書かれています。

「ここは獣も偽預言者も居る所にして、彼らは世々限りなく昼も夜も苦しめらるべし」（第二〇章一〇節半）

第一の復活

それでは、サタン（悪霊）が千年の間、地下牢に閉じ込められている期間、地上はどのような状況なのでしょうか。これについて、黙示録の中に、「我また多くの座位を見しに、之に坐する者あり、審判する権威《けんゐ》を与へられたり。我またイエスの證および神の御言のために馘られし者の霊魂、また獣《けもの》をもその像をも拝せず、己が額あるひは手にその徴章を受《う》けざりし者どもを見たり。彼《かれ》らは生《い》きかへりて千年のあひだキリストと共に王となれり。（その他の死人は千年の終るまで生《い》きかへらざりき）これは第一の復活なり。幸福なるかな、聖なるかな、第一の復活に干《あづか》る人。この人々に対して第二の死は権威《けんゐ》を有たず、彼らは神とキリストとの祭司となり、キリストと共に千年のあひだ日たるべし」（第二〇章四～六節）と書かれています。

ここでは、多くの審判席が設けられ、父なる神から裁きをする権限を特別に与えられた天使達が、審判しています。

主イエスの血の贖いを信じ、その証しをしたがために処刑された者達の霊魂、神の御言葉を述べ伝えたために処刑された予言者達の霊魂、この世の最高権力者を拝せず、特別な便益を受けていないキリスト信者達の霊魂、これらの者達は生き返って、千年の間、キリストと共にこの世の支配者となるのです。これが第一の復活です。

幸いなることに、この第一の復活にあずかった人達は、父なる神の最後の審判を免除され、第二の死がありません。その他の死者の霊魂は千年の間、決して生き返ることは無いと書いてあります。

最後の審判――第二の死

黙示録に記されてある最後の審判は、かなり厳しいものがあります。

「我《われ》また大《おほい》なる白《しろ》き御座《みくら》および之《これ》に座《ざ》し給《たま》ふものを見《み》たり。天《てん》も地《ち》もその御顔《みかほ》の前《まへ》を遁《のが》れて跡《あと》だに見《み》えずなりき。我《われ》また死《し》にたる者《もの》の大《だい》なるも小《せう》なるも御座《みくら》の前《まへ》に立《た》てるを見《み》たり。而《しか》して數々《かずかず》の書《しよ》展《ひら》かれ、他《ほか》にまた一《ひと》つの書《しよ》ありて展《ひら》かる、即《すなは》ち生命《いのち》の書《しよ》なり。死人《しにん》はこの書《しよ》に記《しる》されたる所《ところ》の、その行爲《おこなひ》に隨《したが》ひて審《さば》かれたり。海《うみ》はその中《なか》にある死人《しにん》を出《いだ》し、死《し》も陰府《よみ》もその中《なか》にある死人《しにん》を出《いだ》したれば、各自《おのおの》その行爲《おこなひ》に隨《したが》ひて審《さば》かれたり。斯《かく》て死《し》も陰府《よみ》も火《ひ》の池《いけ》に投《な》げ入《い》れられたり。此《こ》の火《ひ》の池《いけ》は第《だい》二《に》の死《し》なり。すべて生命《いのち》の書《ふみ》に記《しる》されぬ者《もの》は、みな火《ひ》の池《いけ》に投《な》げ入《い》れられたり」（黙示録二〇章一一〜一五節）

このように、最後の審判におきましては、全地創造の神であり全知全能の神であらせられる神御自身が、裁きを行なわれます。

既に死んでいる者達の霊魂が、玉座の前に呼び出されます。どこで死んだ者であろうと、大人であろうと子供であろうと関係なく、凡ての者が呼び集められるのです。

そして、それぞれの生前の行ないに応じて裁かれ、「いのちの書」にその名が記されていない者は凡て、火の池に投げ込まれることになるのです。これが「第二の死」でありま すこの「いのちの書」にその名が記された者こそが、神の独子、主イエスの犠牲的な清い血の贖いを信じた者達であります。

「それ神はその獨子を賜ふほどに世を愛し給《たま》へり、すべて彼を信ずる者《もの》の亡《ほろ》びずして永遠《とこしへ》の生命を得ん爲なり」（ヨハネ伝第三章一六節）とある通りです。

この後、待望の新天地が到来します。

新しい天と地

黙示録の中で書かれている新天地とは、どのような世界なのでしょうか。

「また大なる聲の御座より出づるを聞けり。曰く『視よ、神の幕屋、人《ひと》と偕《とも》にあり、神《かみ》、人と偕に住み、人、神の民となり、神みづから人と偕に在して、かれらの目《め》の涙《なみだ》をことごとく拭い去り給はん。今よりのち死もなく、悲歎も、號叫も、苦痛もなかるべし。前《さき》のもの既に過ぎ去りたればなり』」（第二一章三～四節）

このように、新世界では、父なる神は人間と共に住んで下さるのであり、人間は、神の死もなく悲しみも、叫びも苦しみもない不老不死の世界だと記されています。

人間の祖アダムとイブが、天地創造の神が定めた唯一の禁止、即ち、「善悪を知《しる》の樹」の実を食したため、人間があたかも神のように賢い、神と断絶状態となりました。

それでも慈悲深い愛の神は、最後の手段として唯一の償いの道を示して下さったのであります。

すなわち、神の独子イエスを世の中に遣わし、その背中に人類の凡ての罪を背負わせ、十字架にかけ血を流させたのであります。

尊い血を流すという代価を払って、罪の奴隷市場から人類を解放する道を開いて下さったのです。

これは、単なる神の存在を認めたりイエスの血の贖いを知識としてではなく、心から信じた者は只で、その瞬間無罪の救いを勝ち取ることができるのであります。これにプラスすることもなければ、マイナスすることもありません。

この御世界は、十字架を信じて無罪の救いを得た人のみが、入ることが出来るユートピアなのであります。

死後の世界

天地創造神がユートピアを作るべく、人類の祖アダムとエバをエデンの楽園に置き「生《うめ》よ繁殖よ地に満盈よ」（創世記第一章二十八節中段）と、人を祝福されました。

そして、楽園に生えている凡ての樹の実はこれを食して良いが、ただ園の中央にある「善悪を知《しる》の樹」の実だけは、決してこれを食してはならないと厳命したのでした。しかし、二人はサタンの化身である蛇の誘惑に負けて、禁断の樹の実を食し、神が与えた唯一の禁を犯したため、神の逆鱗に触れました。すなわち、肉体は必ず滅びるべく運命づけられ、人は額に汗して働かなくては生活できなくなり、女性には出産の苦しみが与えられたと創世記に書かれています。確かに、禁断の樹の実を食したことにより、神に近い知恵者となり、様々な発見や発明をして世の中は大変豊かになりましたが、完全にはコントロールできない原子力までも手に入れました。その結果がどのようになるかは神のみぞ知るであります。

それでは、肉体が滅びた後、その霊魂は何処へ行くのでしょうか。「ヱホバ神土《かみつち》の塵《ちり》を以《もつ》て人を造り生氣を其鼻に嘘入れたまへり人即ち生靈となりぬ」（創世記第三章七節）

とありますように、エホバ神（ヤーウェ）（大地創造神）が土の塵で人を造り、これに生気を吹き入れて人を生けるものとしたとあります。これを受けて肉体が滅びると「而《しか》して塵は本の如く地に帰り、霊魂はこれを賦けし神にかえるべし」（伝道の書第十二章七節）とあります。

即ち、肉体はもとの土に帰り、霊神はこれを授けた神のもとにかえり、永全なアストロトルトに置かれます。そして、最後の審判において、[illegible]その生前の行いに従って、裁かれるのです（黙示録第二〇章[illegible]〜[illegible]節ご参照）。

ただ、イエスの犠牲的な清い血の贖いを心から信じた者は、その瞬間に「永遠の生命」を授かっているので、裁かれることは、決してありません。

あとがき

難解だと言われる「ヨハネの黙示録」を通して、父なる神の「愛」と「怒り」について何とか書き終えることができ、正直言ってホッとしています。

これも霊感に導かれるところが大変大きかったと実感しています。

処女作『神はその獨子を賜ふほどに』では、日本の神々と世界の三大宗教のアウトラインを述べ、父なる神の愛による霊魂の救いについて書きました。

第二作『神の義による恵みに生きよ』では、ユダヤ人であり、律法を重んじるユダヤ教の信者であったパウロが、熱心なキリスト宣教師となった後、書かれた「ローマ人への手紙」を中心に書かせて戴きました。

いずれも、アダムの原罪により、神と断絶状態となっている人間に対して、神の一方的な恵みにより示された、主イエスの血の贖いに浴する霊魂の救済にウエイトを置きました。

しかし、昨今の、神よりもかけ離れ、自己中心というより本能の赴くまま、あくなき快楽追求に走っている世相を見るにつけ、霊感を受けし「神の怒り」「ロッエイト」を聞いて、加筆した次第です。

科学技術の進歩により宇宙の解明もかなり進んでいます。しかし、霊界の解明は旧態依然です。勿論、それは解明すべき代物ではないのかも知れません。では霊界が存在するのかと思います。それは霊を感じる人がいるからです。

インテリと称する人は、概して無神論者が多いようです。その方達は、自分は何でも知っているから、この知識によってこの世の中のことは凡て説明できると言うステイタスとして「無神論者」を表明しているのかも知れません。

ドイツのプロテスタント神学者シュライエルマハー（一七六八〜一八三四）は『宗教論』——副題「宗教蔑視者中の教養人に寄せる講演」——（一七九九）の中で次のように言っています。

「敬虔は思惟でも作為でもなく、宇宙の直観と感情である」と述べているのです。理屈ではなく、宇宙から受ける霊感であります。

また次のようにも言っています。「形而上学とも道徳とも異なる独自の領域である」と。即ち、世界の究極の根源は何かを研究する学問でもなければ、社会生活上の行動基準でもない、独自の分野であると言っているのであります。

彼はまた、著書『キリスト教信仰』の中で、「宗教の本質が絶対的依存感情である」とも規定しています。

人間ではいかんともしがたい事柄に対する神への絶対的な依存感情であると言っているのです。

再度繰り返します。人類の祖アダムが、天地創造の神が定めた唯一の禁を破って、「禁断の樹」の実を食して以来、神と人間は断絶状態になりました。

神は決して罪を大目にみて見逃したり、妥協したりしない御方です。人類は皆、生前の各自の行ないに応じて、第二の死、即ち、黙示録の中にある「火の池」に投げ込まれる運命にあるのです。

しかし、慈しみ深い愛の神は、和解のための最後の手段をお示し下さったのです。

それは、父なる神の独り子イエスを、処女マリアに聖霊を入れて懐妊させ、彼女を通じて降誕させ、人間の姿でこの世に送り込んだことでした。

人類の罪を、自ら背負える資格のある御方は、清い身でなければなりません。聖霊による処女降誕という方法を取ることにより、アダムの原罪を断ち切ったのです。

イエスは神の御子性にあり、また、自ら進んで人類の罪を一身に背負って十字架にかかり、その清い血を流して下さったのです。

人類の犯した罪を洗い流すために十分な代価を支払って下さったのです。

この厳粛な事実を、自分のために信じた瞬間に、霊魂の救いが得られるのです。

被造物が創造神に向かって、何のかんのと言うのは止めましょう。人間はこの大自然の中で生かされているのです。

神の一方的な恵み、憐れみではありませんか。

平成二十一年八月八日　脱稿）
平成二十五年十二月十八日改定）

【参考文献】

『舊新約聖書』日本聖書教会（一九六七版）
『聖書事典』日本キリスト教団出版局
『聖書辞典』新教出版社
『信じるだけで救われるか』高木慶太、いのちのことば社
『ジャポニカ』小学館

著者略歴

以家昌紀

1943年　香川県仲多度郡善通寺町（現・善通寺市）に生まれる。

1961年　愛媛大学文理学部理学科入学、翌年中退　父家の工務店を手伝う。

1969年　香川大学経済学部卒業。同年、江崎グリコ株式会社に入社。

1976年　千里ニュータウン・バプテスト教会において、米国宣教師ドン・ロスリン師より受洗。

2010年　江崎グリコ株式会社を退社。同年ユート四方株式会社を設立

2013年　ユート四方株式会社を解散。

■著書

2010年「月の神代その四方賜ふはじ」（再生出版

2009年6月『神の啓示による恵みに生きよ』（新生出版）
2010年4月『神の許の恵みと怒り』（文芸社）
2010年11月『イエス・キリスト』ルネッサンス・アイ）
2012年4月『神との絆』（ルネッサンス・アイ）
2012年6月『神の道』（ルネッサンス・アイ）
2013年11月『永遠の生命』（ルネッサンス・アイ）
2014年11月『神の怒りと死後の世界』（ルネッサンス・アイ）
2015年7月『イエス・キリスト 臨在する神の聖霊』（ルネッサンス・アイ）
2017年5月『神の聖霊に導かれて生きよ』（ルネッサンス・アイ）
2020年1月『何より大切な神との絆』（文芸社）

大東亜共栄圏

[illegible]

著　者　氏家富緒
発行者　向川翔一

発行所　株式会社22世紀アート
〒103-0007
[illegible]
電話　03-5941-0771
Email: [illegible]

発売元　株式会社日興企画
〒104-0032
東京都中央区八丁堀4-11-10 第2SSビル 6F
電話　03-6262-8127
Email: support@nikko-kikaku.com
ホームページ：https://nikko-kikaku.com/

印刷
製本　[illegible]

ISBN：978-4-88877-308-9